大同日照叢書I

光和日照大同

老幼共學的大同福樂學堂

巨流圖書公司印行

吳文正等　著

目次

任職高雄市政府衛生局局長近 9 年，感受少子女化趨勢下，校園小朋友日趨減少，而長輩逐年增加，高雄市於 1997 年進入高齡化社會，老年人口約 19 萬（65 歲以上），2017 年增加至 38 萬人，足足增加一倍。高齡化社會衍生長期照護問題，是政府必須面對的重要課題，利用閒置校園活化轉型作為長期照護用途是時代趨勢。透過公部門及民間單位通力合作，利用公有閒置空間、校舍，積極佈建長照服務資源，以提供社區長輩健全、減緩功能退化的優質長照環境。

● 衛生福利部政務次長何啟功

2014 年高雄市立大同醫院（委託財團法人私立高雄醫學大學附設中和紀念醫院經營）全國首創的利用大同國小閒置空間，開辦社區健康老人健康促進與學習之「大同健康守護樂園」，帶動社區周邊健康長輩學習風潮，也順利取得醫療轉銜長照服務先機。

為讓輕度失能長輩延緩功能退化及更多元、有彈性延伸服務範圍，高雄市立大同醫院運用過去所建立的醫療服務機構網絡及優良的經營管理績效為基礎，利用大同國小閒置校舍設置「大同福樂學堂日間照顧中心」，讓長者與小朋友能在同一個生活空間，建構一個以人為本，營造尊重、溫馨、優質的照護環境。藉此空間互動，小朋友可以認識

年老長者體悟生命的老化進而親近長者，而長者看見小朋友是感受生命的延續。

　　大同福樂學堂日間照顧中心建置過程，雖面臨大同國小教師、家長因擔心老人家進入校園會引發安全、健康感染風險及被廢校等問題的極力反對與無相關法令依據之多重困境，但經市府相關局處及市立大同醫院共同努力下，完成老幼共學的大同福樂學堂，並於 2016 年 8 月順利開幕。

　　「大同福樂學堂日間照顧中心」是全台灣第一所由國小部分校舍改造成銀髮日照中心的「福樂學堂」，為高雄市建立「長照－學校－社區」日間照顧服務模式，也開啟台灣校園與長照結合之先鋒。

衛生福利部政務次長

何啟功

2017 年 8 月

高齡化是全球趨勢，台灣於 1993 年進入高齡化社會，高雄市也於 1997 年進入高齡化社會（7%），高齡人口達 18 萬人，至 2017 年 4 月底快速增加至 38 萬人（13.71%），老人人口增加一倍。人口快速老化所帶來的長期照顧之需求，及現代家庭結構的改變，如何使長輩獲得好的照顧，減輕家庭照顧者負擔，是市府最重要的政策議題。思考長輩能在他熟悉的地方獲得最好的照顧，讓他安心生活在他熟悉的社區。

● 高雄市市長陳菊

日間照顧中心提供長輩最適切在地化服務，長輩白天到日照中心接受專業照顧，晚上回到家與家人共享天倫。所以，本市積極結合民間資源，活化閒置空間，尤以因少子化之學校閒置空間，建置日間照顧中心。利用學校閒置空間設置日間照顧中心，除提供長輩專業照顧，豐富多元化及個別化活動、復健運動等課程外，另透過互動課程的設計，促進國小學童與日照中心長輩的互動，是另外一種生命教育的推動模式。利用學校閒置空間照顧長輩，型塑長輩及小孩一起來上學，下課一起回家，共享家庭溫暖快樂生活，這是給長輩最好的照顧服務。

大同醫院於 2014 年即全國首創利用大同國小閒置空間開辦社區健

康老人健康促進與學習之「大同健康守護樂園」，深獲好評。在市府團隊通力合作，於 2016 年 8 月 17 日，利用大同國小部分低度使用之閒置教室開辦「大同福樂學堂」日間照顧中心，為全國首創世代融合的老少共學模式，開啟長輩與兒童共同學習空間典範。我們繼續努力，建置各種長期照顧模式，打造高雄為長輩宜居城市，最愛生活在高雄。

高雄市市長

陳菊

2017 年 8 月

近數十年來，世界各國均面臨老化照顧的重要挑戰，我國長期照顧自 1980 年代分從社政、衛政、勞政三個主管機關與研究發展等面向分別制訂政策因應，於 2008 年以建構照顧體系為目標制定「我國長期照顧十年計畫」，並於 2015 年公布「長期照顧服務法」，建構長照服務體系之法源依據。行政院國家發展委員會推估，我國老年人口比例預計於 2025 年超越 20%，成為「超高齡」（super-aged）社會。為使長照服務更臻完備，蔡英文總統於 2016 年上任後即積極推動長照 2.0 版，以社區整體照顧服務模

● 高雄市副市長許銘春

式串聯的多元性服務，於今年 6 月正式上路。期望以社區照顧為基礎、綿密佈建資源，讓民眾擁有用得到、看得到、找得到的長照體系。

　　長期以來，高雄市政府團隊在陳菊市長帶領之下，秉持一顆照顧長輩的心，提供經濟安全、健康維護、生活照顧與社會參與，包含醫療保健、安置頤養、經濟扶助、居家與社區照顧、餐食服務、文康休閒、敬老優待、老人保護與獨居關懷等多項照護，由長期照顧管理中心連結衛政與社政服務，且持續推動各區的社區整體照顧服務計畫。

　　我們將持續推動以社區為基礎的日間照顧，強調留在社區、擁有歸屬感，使長輩能獲得在地老化的支持性照顧，正是在長期照顧連續性光譜中，銜接居家式與機構式照顧的重要服務，高雄市目前已有 18 家日間照顧中心。為達成「一區一日照」，本市透過跨部門、跨領域，整合前金區的大同國小開放校園閒置空間，及以全人照護之社區醫院為目標的市立大同醫院，共同設置日間照顧中心，在以人服務人的長期照顧中輸送溫暖，創造長輩與跨世代的交流互動促其社會參與，降低邊緣化且減輕世代照顧的負擔與壓力，具體實現本市在地老化的照護網。

高雄市副市長

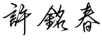

2017 年 8 月

台灣人口老齡化及少子化狀況，在近幾年傳媒與輿論的大肆報導討論中，一般市民皆已有一定程度的瞭解，然而實際上的需求迫切，遠超過報導論述與民眾想像。在陳菊市長念茲在茲殷殷叮囑下，高雄市政府各局處團隊對於各種推動老齡化進程，只要是有助於在地安老、活躍老化的工作，在合法的考量下，都保有最大的彈性協助推動與執行，因為我們深知目前能夠滿足長者與家屬需求的服務依舊不夠。

● 高雄市政府副秘書長蔡柏英

很高興有機會和理念一致的高醫體系大同醫院合作，一起走了這段看似簡單，但實則不易的路，期間光是法規釋疑解套、學校師生溝通與社區鄰里的說明等，就讓市府團隊與大同團隊經歷了一場震撼教育。不過也因著堅持，我們共同完成了全國第一個利用國小閒置空間改建成為日間照顧中心的案例，這也意味著開啟了活化校園空間新的樣貌——老少共融，未來將是代間與生命倫理教育最佳的場域。

最後，在高齡社會中除了各種服務建置需要被滿足外，照顧人才的培育、高齡照顧服務的模組化、長照產業的鏈結與開發等，都是現階段刻不容緩非常緊迫的工作。但，更重要的是執行！作為市府政策的執行者，我們必須更加努力！！

高雄市政府副秘書長

蔡栢英

2017 年 8 月

人口高齡化是 21 世紀全球趨勢，為長者提供適切的照護，儼然成為政府的重要議題。高雄市從 1997 年 65 歲以上人口超過 7%，邁入高齡化社會時間晚於全國的 1983 年，然而今（2017）年 4 月該比率已達 13.7%，出現本市人口老化速度較全國老化人口比率 13.4% 為快的景象。

建構本市長者完善的照護體系，是近年來重要課題，而如何讓長者有尊嚴且健康老化，並延緩失能或失智發生的相關服務，以最不設限長者生活方式，使之於社區中自然老化，維持其自主自尊具隱私的生活品質之在地老化（aging in place）為最佳。

● 高雄市政府衛生局局長黃志中

「日間照顧」為社區式長照服務方式之一，對於在地老化的實現扮演著銜接家庭、社區與機構間相當重要的角色。妥適有品質的日間照顧服務，需要有良好照顧環境，方得提供優質的生活支持與照顧服務。因少子化現象出現學生減少，校園閒置空間漸增情形，藉由學校資源開放，活化運用社區中的閒置校園空間做為社區照護場所，可以達到妥善照顧社區失能者與長者，及提升校園空間運用效能之雙贏。

　　本局與社會局均致力於長期照護，感謝市立大同醫院（委託財團法人私立高雄醫學大學附設中和紀念醫院經營）之一大助力，秉持著為在地建構具有教學、研究及服務的長期照護醫學教育生態系統的理念，運用大同國小的閒置空間，在校園中設置日間照顧中心。結合醫療專業與高雄醫學大學的學術資源，發展產學效益，並營造國小學童、大學生與長者之代間共學、老少青相融，創造了長輩價值感與對生命意義的審視，具體實踐了禮運大同篇「故人不獨親其親，不獨子其子，使老有所終，壯有所用，幼有所長，鰥寡孤獨廢疾者皆有所養」。謝謝回饋照顧社會的大同醫院與抱持開放態度廣為接納的大同國小，共同為高雄市帶來正面的長照典範！

高雄市政府衛生局局長

黃志中

2017 年 8 月

邁向「共享校園——老幼共學」新時代

在少子女化的趨勢下，不可避免的在校園內產生許多閒置的教室、甚至是整棟閒置的校舍，如何以創新思維，重新賦予這些空間新生命，是高雄市教育局一直在積極思考的問題。此次與大同醫院的合作，不僅是未來推動長照與校園結合的最佳典範，也讓高雄市教育局有機會能實際參與日照中心從無到有的過程。看到大同福樂學堂的落成，帶動了社區的整體發展，讓空間資源能有效利用，帶來更多的社會效益，藉由與大同國小雙方的合作，逐漸發展老幼共學的活動與課程方案，這是一個空間轉型的新契機，也創造了「混齡校園」能大步邁向新里程的機會。

● 高雄市政府教育局局長范巽綠

當然，能有現在如此豐碩的成果，當初的歷程也是備極艱辛，空間媒合需要多次的溝通與協調，才能聽到學校、教師、社區、家長不同族群間真正的聲音，以及對空間規劃的意見。

這段空間媒合的歷程費時 2 年，經過 162 次的協商討論，大同醫院 2 次計畫提送，2 次都更提案審議、13 次國小老師家長鄰里社區溝通協調會，以及無數次的電話溝通、討論。感謝大同醫院的堅持，讓不可能化為可能；陳菊市長的大力支持，市府各局處的協調與配合，

——克服了建物執照、消防安檢、社政法令辦理變更或取得許可等多重程序等相關問題。這間全國首創，引進醫療院所專業資源，並以校園閒置空間成立的日間照護中心「大同福樂學堂」，順利在 2016 年 8 月正式開幕。大同福樂學堂不僅成為高雄市日照與學校閒置空間結合的典範，也引起各縣市、中央單位甚至國外團體的重視，紛紛參訪觀摩。

我們希望積極協助推動中央長照 2.0 的政策，繼續努力推動校園閒置空間活化與媒合，看到大同醫院能引進現有的醫療資源，將空間打造成符合高齡者的友善環境，並藉由專業團隊規劃的活動，可以延緩高齡長輩失智的問題，照顧他們的健康起居。對於家有高齡者的雙薪家庭來說，能夠早上上班帶著小孩、父母到同樣的地方，解決了家長接送問題，更給市民一個安心、安全以及可以盡孝道的場域，這是我們所樂見的。

教育局鼓勵學校釋出空間，積極活化校園，2017 年 6 月更以「共享校園——翻轉校園空間」專案，榮獲行政院「第九屆政府服務品質獎」的肯定，實屬不易，也成為全國典範。我們都有變老的一天，校園閒置空間的活化，將是全體高雄市民的福氣。高雄市教育局會持續以創新試驗、混齡校園為目標，透過閒置空間的翻轉，加速推動校園的再生利用，更期盼高雄市的校園能完整終身教育歷程，成為老、中、青、少、幼的混齡學習樂園，打造特色學校，創造更高的教育價值。

高雄市政府教育局局長

范巽綠

2017 年 8 月

老吾老以及人之老

我們常說：「家有一老，如有一寶」，這句話表達了國人對長者的尊敬。年長者珍貴的地方就在於他們人生練歷豐富，從他們身上能學到許多寶貴的生活經驗和智慧。然而，隨著年紀漸長，機能漸衰，很難擺脫所謂「老人病」的纏身，例如糖尿病、心臟病、失智症等，高齡長者的醫療及照護問題就更顯重要。

財團法人私立高雄醫學大學承接高雄市立大同醫院後，即洞察社會型態的改變與需求，首開全國風氣之先，

● 財團法人私立高雄醫學大學董事長陳建志

在 2016 年 8 月與高雄市政府合作，利用大同國小的閒置空間，設置大同福樂學堂日照中心，成功建構老少共學、高齡照護的新模式，讓銀髮族有個終身學習、健康快樂、自主尊嚴、社會參與的園地。

大同國小是我的母校，在我就讀國小時，大同國小還是高雄市數一數二的「大」學校，曾幾何時，隨著社會變遷、人口移動等因素，它已成為名副其實的「小」學，這是都會區快速發展所面臨的共同問題。很感謝高雄市政府的鼎力協助，以及大同醫院前院長侯明鋒與現任院長吳文正所領導的團隊，以創新思維注入活水，讓這些空餘教室得以再利用，並營造出老人友善的學習環境，成為全台灣，甚至是日

本、中國等其他國家競相參訪的典範。

　　大同福樂學堂日照中心成立才短短一年，就已讓很多長輩們不用離開熟悉的社區環境，能透過專業評估，獲得個別化的專業照顧，以及多元化的活動課程。期間我們不僅導入專業醫療技術與設施，更有著醫護人員的愛心關懷，協助長者回到年少的青青校園，大手牽小手，跟著年輕人快樂學習，活到老、學到老。

　　《孟子‧梁惠王上》中有句「老吾老以及人之老」，意思是照顧、敬愛自己的至親長輩，並擴及到別人的至親長輩，這是一種敬老尊賢的概念。大同福樂學堂就是要打造「老吾老以及人之老」的境界，只要每個人都能坐言起行，愛護身邊的老人，讓他們過著如「寶」般的生活，然後繼續把這股精神傳承下來，讓下一代也能在我們老了的時候把我們當成「寶」，相信「家有一老，如有一寶」是亙古不變的傳統價值。

財團法人私立高雄醫學大學董事長

陳建志

2017 年 8 月

高雄醫學大學自 1990 年代即投入老齡相關研究，包括老人議題、社會付出及老人醫療層面等研究。21 世紀因應台灣社會發展需求，高醫體系擴大教學研究與醫療照護內涵，加重預防醫學與長期健康照顧。本校且於 2013 年成立跨領域高齡長期照護碩士學位學程等，積極培育長照人才。有鑑於在地老化的社區型健康照顧制度是長期照顧最合理的主要解決方案，本校成立長期照護委員會，全力推動體系投入日長照中心。三年前本校責成大同醫院與高雄市失智症協會共同籌辦，於大同國小內規劃「大同福樂學堂」，並於去年提昇為日間照顧中心。

● 高雄醫學大學校長劉景寬

在政府長照 2.0 的推動與高雄市政府的政策支持下──特別感謝市府各局處的鼓勵與全力協助，與我們共同經歷並克服諸多難題，才成功將大同國小校舍餘裕空間活化運用，成立「大同福樂學堂日間照顧中心」，成為我國的創舉。此一開創全臺首座與現存國小校園結合之日照中心，在高醫體系會議中屢屢獲得全體人員傾力協助，務必促成此一雙贏模式；終於開啟台灣日照中心的新頁。

活化國小校舍成為日間／長期照護的設施及機構，具有多層次的

社會倫理與照護需求的價值。1.在社區照顧為核心的模式下讓高齡者在地老化，既合乎倫理又經濟實惠。2.透過生活型態重置（lifestyle redesign）模式的導入，社區醫院臨床科的專業協助，讓失能／失智的高齡者可以獲得身心需求照顧，強化身心機能。3.代間學習可達到教育孩童瞭解生命尊重生命、讓高齡者獲得生命活力激勵，並可促進代間溝通，達到享有天倫之樂的效果。

2013年，高雄醫學大學爭取得到的教育部「智慧生活整合性人才培育特色大學計畫（並持續第二期）」5年計畫逾3,500萬元補助，培育跨領域健康照護人才之外，本校並將大同福樂學堂及大同守護樂園作為師生研創場域。以日間照顧為主題結合本校各學系、附屬醫院各專科部門的協助，乃至引進國際性的研創團隊，俾使具有產學發展潛力，規劃成立老人社區照顧為主題的創客中心。

大同醫院、大同福樂學堂日照中心及社區照護的共構，提供高醫體系第一個KMU Health（本人於附設醫院60周年慶所宣告之高醫發展方向）的發展模式。大同福樂學堂的創新模式為台灣的高齡照護創下利基，有龐大的高醫體系及大同醫院學術研究、專業醫療背景作為後盾。緊接著，高醫體系的其他長照計畫也積極啟動，高醫附設醫院及旗津醫院將成立日長照中心。因為我們謹記，高雄醫學大學作為公益化法人大學體系，從創辦人杜聰明博士創校初期，即已推動原住民醫療教育等社會服務並傳承奉獻精神。在高雄地區需要肩負的社會責任與服務奉獻，高雄醫學大學必然投注心力，絕不辜負高雄市民對高醫體系的期待。

高雄醫學大學校長

2017年8月

讓所有的生命都得到呵護、適切到位，是孔子在〈禮運·大同〉裡勾勒的理想社會；三千年後，大同醫院「福樂學堂」提供了日照另一種模式的選擇，實現了老有所安、在地老化的理想，讓長者能在最熟悉的環境得到優質的照護與安養，減輕照護家庭的人力與經濟負擔。大同福樂學堂從社區家庭的小康中，閃耀無限推擴的光芒，閱讀整體歷程的艱辛與堅持，敬佩吳院長領導的大同團隊建立了台灣日間長照的先驅，提供其他醫療院所、安養機構學習的經驗典範。

● 高雄醫學大學附設中和紀念醫院院長 鍾飲文

　　醫療服務必須因應社會變遷而調整，方能適切地照護民眾的健康與需求。高齡化的時代來臨，人口結構因老化與少子化所衍生的照護問題，已然是世界性課題，深受政府與醫界重視。因此，高醫醫療體系也於前年啟動、一校四院長期照護推動委員會，期望建立以家庭在地的社區為照護單位，運用因少子化導致教室閒置的社區小學作為安養空間，以提升需長期照護的長者與照護家人生活品質及更多元的選擇。

　　大同福樂學堂以結合社政、衛政及教育為工作目標，單是溝通、協調、折衝往返就歷時兩年，期間曾多次派員赴日本學習，並不斷投

入資金、整建臨近的大同國小老舊校舍，克服種種困難。在各界的協助下，終於完成全台首創、利用閒置校園設置日照中心；不僅活化了校園資源，更形塑出「老有所護，幼有所教」的全生命校園文化，是創台灣日照先驅，也是政府推動長照的標竿。

　　大同醫院的成功經驗不僅在社會上形成議題、開創風氣，所建立的日照模式也落實了高雄醫學大學在高齡化社會中，為了延緩失智、失能者持續惡化、老化所挹注的資源內涵，也將成為附院未來在民族國中設置日照中心的先導典範。透過經驗與歷程的編彙成冊，讓老、幼同校共學成為可能，讓日照中心更具創新特色，讓醫療照護更溫暖、也更人性化，皆有助於大同理想的實現！

高雄醫學大學附設中和紀念醫院院長

鍾飲文

2017 年 8 月

過去幾年在各種場合中，我們都以「高醫承接大同醫院以來……」為起手式的開場白，再細數大同醫院為高雄地區民眾所做的一切努力、改善及精進。大同醫院也終不負眾望，以 7 年的時間來改變民眾對於公立醫院的沉疴印象，在高雄地區已然成為民眾日常生活中重要的醫療院所，擔負高雄市民健康促進的重要推手。

● 高雄市立大同醫院院長吳文正

但這句起手式開場白在去年悄悄地演變為「大同福樂學堂自 8 月中成立以來……」為發語詞，主要的轉變在於，高醫身為一甲子的大學及醫學中心，在急重症醫療專業上扮演高雄地區重要角色，自然在承接市立醫院後，移植醫學中心急重症醫療專業並非難事。然而，在急重症後期的照護上，高醫體系若能有所突破，大家自是拭目以待。

自文正兩年前調任大同醫院院長之職，在院長交接典禮當天，時任高雄市衛生局局長何啟功曾於致詞時勉勵文正，希望文正能延續大同醫院日間照顧中心的規劃，務必完成高雄市政府及高醫體系的重責大任，文正時時謹記此事、殷殷叮囑同仁。

以高雄市立大同醫院所在的核心醫療服務區域前金、新興及鹽埕區之人口結構統計，三個行政區 65 歲以上高齡人口佔率高達 19% 至 20%，分居原高雄市行政區的前三名，顯然本院核心醫療服務區域高齡化情形相對嚴重，為高雄市老化社區的代表區域。故在承接之際，開院院長余明隆即以高齡友善為創院規劃，妥貼安排各科門診、住院及老人醫學相關診療指引；2014 年行有餘力，租賃鄰近大同國小餘裕教室開辦社區銀髮族民眾健康促進與學習活動之「大同健康守護樂園」，每年舉辦近 500 場次免費健康促進活動。2016 年高雄市政府各局處、高醫體系陳建志董事長、劉景寬校長、鍾飲文院長及侯明鋒院長的大力支持下，更將大同國小大同樓部分校舍空間，創造讓醫療體系納入長期照護的策略，整建成日間照護中心，開啟台灣長者與學童共同學習的空間，實現阿公阿嬤帶著孫子孫女一起上學的情景，不但推動在地老化的目標，更解決少子化衝擊的校園活化方案，回應民眾對長期照顧資源的需求。

而大同國小配合政府政策成為開放校園，近兩年也打掉校園圍牆降低校園隔閡，隱藏在民生路大門口圍牆後的碑碣巧然顯露出來，上立「旭日照大同 ‧ 弦歌傳千里」文字，同仁們於焉恍然大悟，早在幾十年前已注定日照中心將結合學校空間設置，成為台灣日照中心新模式的典範，自此在推動上所遇到的困難、苦處均化為烏有，每日上班見到家屬將長輩、孩子一同接送到校，長輩左轉前往日照中心，孩子右轉進入教室上課，傍晚再一起祖孫手牽手回家，感情樂融融，畫面既溫馨又感動，這是與急重症醫療上的治癒感動全然不同的經驗。

從開院迄今，大同醫院全體同仁不同階段地努力與具體實踐高齡友善醫院的規範與精神，讓員工持續不懈地自由發揮，員工將以創意

回饋醫院，而醫院毫不保留全數挹注高雄民眾的健康議題，是體系一致的理念，也是體系承接大同醫院的初心，期盼在市府及體系的引領下，大同福樂學堂能成為推動長照 2.0 政策的種子，繼續朝向高齡友善國家目標邁進。

高雄市立大同醫院院長

吳文正

2017 年 8 月

旭日照大同　弦歌傳千里

吳文正院長

緣起

緣起

　　老年人口增加和少子化的社會結構變化，讓老人照護機構需求增加，而學校閒置空間也愈來愈多，一增一減的空間需求，成為政府部門亟應重視的問題。高雄市邁全國之先，於 2016 年 8 月由大同醫院利用鄰近的大同國小閒置教室設立大同福樂學堂日照中心，並以老少共學為目標，成功的模式將可作為其他各縣市參考典範。

　　高雄市可說是一個老齡人口居多的城市，在 2017 年 1 月的統計中，高雄市 65 歲以上的人口比例在全台灣 6 都中居第三名，達 13.53%，同年 3 月更達 13.66%，在全市 38 區中，只有桃源及那瑪夏未達高齡化；而超高齡化行政區有 6 區，即田寮、美濃、杉林、內門、前金及六龜，人口老齡比例達 20% 以上，其中前金區係位於都會中心的高齡行政區；另高齡社區及高齡化社區則有 30 區。大同醫院位於前金區，與其相隔一條新盛街比鄰的大同國小則屬新興區，該區亦屬高齡行政區，人口老齡化達 19.4%，已逼近超高齡行政區的 20%。

　　老齡人口增加，相對的長、日照中心需求也增加，新政府在中央長照 2.0 升級版中，一區一日照成為既定政策，同時也推動社區整體照顧模式，分為 ABC 三級，A 級為社區整合型服務中心（長照旗鑑店）、B 級複合型服務中心（長照專賣店）、C 級巷弄長照站（長照柑仔店），比 1.0 版的 8 項服務增加到 17 項，包括延伸出院準備服務等，將老人照護做到完全的無縫接軌。

　　然而老齡人口增加，新生兒的出生率卻逐年下降，台灣從 2002 年開始，出生率就急速下降，高雄市也不例外，依照教育局的統計，從每年國小至高中職的學生總數來看，2011 年到 2015 年由 364,745 人減少到 310,582 人，共減少 54,163 人，平均每年減少 13,541 人；總班級數也由 12,047 班減至 11,033 班，共減少 1,014 班，平均每年減少 254 班，

也就是每年會產生 254 間閒置教室，閒置空間的妥善利用成為高雄市政府降低無謂的財政負擔，發揮政府資源效益的重要政策之一。

高雄市政府教育局將校園低度使用的閒置空間訂定 9 大空間活用用途，即高齡照護、產業育成、社會企業、實驗教育、終身學習、弱勢照顧、公共托育、藝術展演、教育或公益。高齡照護即列為第一項，因為少子女化的趨勢形成了校舍空間閒置問題，而高齡人口的加速成長又產生了高齡照護、活動據點空間需求增加的問題，將校園有效空間盤整、釋出，不但能解決社會新興議題可能帶來的問題，更能成就社會資源的有效運用，帶來更多的社會效益。

● 校園閒置空間倉庫使用

高雄醫學大學校長劉景寬在 1990 年代是當時台灣第一個在國外接受老人失智臨床訓練的醫生，劉景寬表示，當年的台灣根本沒有老人照護相關政策，甚至連老人失智、失能的診斷都沒有或是模糊的，然而鄰近的日本早在 1980 年代就啟動老人失智、失能的相關政策，台灣人口老齡化的速度不亞於日本，卻比日本約晚 20 年，直到上一世紀末才正視到老齡問題。

劉景寬有感於**老齡化若未重視將帶來龐大的社會問題，其中又以失智是老齡化最嚴重的病症**，於是在 2006 年成立台灣臨床失智症學

會，有別於一般由民眾參與的協會性質，成立學會延纜專業的醫療相關人員進行研究及調查，包括失智症健康調查、家庭結構變化等調查，並協助政府對於失智症相關政策的擬訂，直到 20 世紀末，台灣的老人照護相關政策才有較明確的輪廓。

高醫體系很早就投入老人健康研究，在前校長蔡瑞熊的規劃下，1992 年高醫成立老人健康研究室，劉景寬表示，高醫對老人相關研究是很前端性的，包括老人議題、社會付出及老人醫療層面等皆有研究，同時高雄醫學大學的醫社系、護理系、職能治療等科系師生也都積極投入，亦有相當多的老師出國研究老人醫學議題。

劉景寬說，早先台灣的老人照護政策是具門戶之見，為了防止大財團吞食這塊大餅，將社政及醫療分開，不僅是打亂仗式的，照顧的品質也較低落，卻也讓

● 高雄醫學大學校長劉景寬

高醫即使想付出也無從著手，只能從旁協助民間團體輔導長照機構，但體質上是不足的。

老人照護議題在社政及醫療上高度重疊，一分為二根本沒辦法做好，劉景寬表示，老人照顧是非常動態的，也是人類之前所沒有的經

驗，全世界最早正視老人議題的日本、北歐國家發展至今，都還不敢說找到了最好的方式，因此，台灣必需要民間與政府、社政與醫療相結合、相互尊重才能夠雙贏，也才能延續長久，而這樣的結合雙贏模式由大同福樂學堂正式開啟。

在 20 年前就已經有人提出將校園閒置空間轉變為老人日照中心的想法，然而直到 2016 年 8 月大同福樂學堂成立之前，台灣沒有任何一個縣市有成功的案例。高雄醫學大學附設中和紀念醫院在 7 年前（2010年）接受高雄市政府委託經營市立大同醫院後，高醫醫護人員及行政人員進駐，行政人員辦公室位在 9 樓，視線剛好能夠完全俯瞰隔壁的大同國小，當時大同國小仍每天升旗，時任社區健康發展中心主任的黃仲平每天就看著大同國小學生升旗，發現偌大的操場中，學生卻只有少少的聚集在操場中央，如何能夠讓缺乏空間的大同醫院與有餘裕

● 2014 年大同醫院租借大同國小閒置空間作為社區健康守護樂園

● 大同健康守護樂園開設繪畫課程

空間的大同國小合作想法，就在黃仲平的腦子裡油然而升。

　　在一次討論大同醫院周邊停車問題的會議中，大同醫院陳益良高專向大同國小的李明堂校長提出欲租借閒置教室的請求，獲得李校長的欣然同意。其實一開始，大同醫院向大同國小租借校園後棟的教室僅做讓行政人員進駐的考量，藉以減輕辦公空間的擁擠度，並存放不活動病歷，但未獲衛生局同意，該局認為醫院行政人員的辦公場域就應該要在醫院中，同時也擔心病人個資會因此洩露。大同醫院退而求其次，才將租借的教室作為存放報廢物、非關病人資料的倉庫及社區民眾健康守護樂園場所使用，卻也因此開啟在大同國小設置高齡日照中心的契機。

　　事實上，以一個擁有 300 萬人口的大都會城市而言，高雄市對於失智老人的照護略顯不足，高雄市政府衛生局長期照護科科長李素華就說，日、長照中心在社區的運作非常重要，但高雄市目前只有 18 區

有日、長照中心，在長照 2.0 一區一日照的要求下，日、長照中心的設立是必須要加快腳步的，在幾次與大同醫院的開會協調中，大同醫院表達相當高的意願希望能在大同國小設置高齡日照中心，並提出設立計畫，大同醫院此舉符合市府的政策需求，市府也願意傾全力協助。

時任大同醫院院長、現任小港醫院院長的侯明鋒也表示，醫學大學應要有開創性及社會使命，當初承接市立大同醫院時，雖然只是以成為優質區域教學醫院、達成高雄市政府委託照顧市民健康的醫院為目標，但其所處位置卻是高雄市的市中心，更是早年高雄市文教經貿區，如今日漸衰微有其區域發展的歷史因素。但也隨著日趨式微，年輕人口遷出，老年人口增加，區域型的老人照護中心成立成為不可避免的課題，**高醫健康照護體系仍然是公益性的醫院，在整個市民健康照護的各個階段一定要配合政府的政策往前走。**

● 小港醫院院長侯明鋒

老人照護問題是每個人都會遇到的，包括我們自己，在這種理念下，侯明鋒認為，老人照護的日、長照中心一定要做，但要如何做？目前台灣也有多元的日、長照中心，但並不一定能成為其他縣市可依據的參考標竿，思考將高齡日照中心設立在校園中，是開創全台之先，

● 大同健康守護樂園開設瑜珈課程免費提供民眾參加

成功之後更能成為其他縣市參考模式，因為校園閒置空間只會愈來愈多，也因此，在責成黃仲平著手計劃大同福樂學堂日照中心後，即要求每一階段的籌設過程都要詳實記錄。

　　侯明鋒認為，大同醫院在大同國小設置老人日照中心有其優異的地理位置，因為日照中心就位在醫院旁邊，對老人家有正向能量，更有安全感，老人家的家屬也能安心，因為長輩最怕生病，醫院就在日照中心旁讓他們能有安全感，由醫院來做日照中心也最能符合老人家的需求，再加上高醫體系就缺日照中心，高雄醫學大學的學生也缺乏日照中心實習的場域，所以在大同國小設立日照中心是勢在必行，而且要做就一定要做到最好，要做也一定是要花錢的。從市府接手經營 2 年後，也就是在他到任的當年結算，大同醫院營運就開始轉虧為盈，這些盈餘來自於社會，就應該回饋於社會，為了不讓大同福樂學堂日照中心設立過程產生預算問題，所以一開始編列高額經費，這都是精

算過的，事後也證明當初精算是正確的。

　　在劉景寬及高醫體系全力支持下，黃仲平及大同醫院行政團隊投入籌設大同福樂學堂日照中心，而後接任的現任大同醫院院長吳文正也延續這一艱難的任務。吳文正表示，大同國小曾是高雄市最大的學校，但學生數卻一直在減少，從鼎盛時期6、7千人，到現在不足300人，校園閒置空間一定很多，而人口老化是自然現象，鄰近大同國小的老年民眾及其子女有很多也是大同國小畢業，對於大同國小校園有深刻的情感，在大同國小裡設置日照中心，讓老人家能夠回到熟悉的校園，老人家對環境安心及情感寄託都有很大的幫助。

　　大同醫院副院長，同時也是腦神經外科主治醫師的羅永欽常在門診及病房看到長輩在家裡受傷就醫，他指出，民眾往往會因為家裡小孩還小，將家裡的環境改變成為小孩可以安全活動的地方，卻往往忽略了長輩也同樣應該在家裡有一個安全活動的環境，而且只要一不注意讓長輩受傷，他的老年退化更為加速。

　　在日、長照中心缺乏之際，不少有失智情況的長輩常常就被「放在家中」，或者家中必需要有人犧牲工作時間來照顧長輩，增加家庭的負擔。且在沒有跟外界接觸、交際的情況下，長輩退

● 大同醫院副院長羅永欽

● 大同健康守護樂園開設圍棋課程

化及失智症狀也會愈來愈嚴重，羅永欽認為，大同福樂學堂的成立讓長輩能夠有安全的活動環境，並受到專業的照顧，同時在學堂裡也有朋友可以一起聊天，接收很多不同的資訊，讓長輩的思想能更快樂、更開朗，也活得更有尊嚴，更有意願活下去。

也因此，即使在吳文正接任之初，大同福樂學堂的設立是院方、市府與校方衝突最激烈的時刻，但既然日、長照中心設立是院方的既定政策，再困難都要克服。吳文正也感謝市府在大同福樂學堂設立過程中的全力支持，才能讓大同福樂學堂歷經近 2 年半的時間順利設立。成立迄今一年，羅永欽接待自日本、中國、以色列及東南亞等各國醫療人員參觀，並獲得參訪者的肯定，更成為全台灣，甚至國際間競相參訪的典範。羅永欽認為，大同福樂學堂是成功的日照中心，僅能收治 30 名長輩確實過少，大同醫院未來將移植同樣的模式，照顧有同樣需求的市民朋友。

● 大同福樂學堂經營團隊

黑夜之後
看見曙光

萬般計畫　難在起頭

　　凡事起頭難，在 2014 年大同醫院確定於大同國小閒置空間設立高齡日照中心，一直到 2016 年 8 月正式成立時，期間光是溝通與尋找符合法規的方式就耗掉近 2 年時間，一度讓大同醫院團隊想打退堂鼓，如今順利成立，不僅讓 30 位失智、失能長輩得到很好的照顧，也吸引國內外相關單位競相參訪，過往的辛苦都是值得。

　　由於大同福樂學堂日照中心設立型態在台灣史無前例，因此，在提出設立計畫後，擔任整項計畫負責人的黃仲平深有感觸，他在高雄市政府建管處、都發處等單位了解校園用地變更成社福單位的相關法規後，對於土地使用區劃、消防法規限制的適用困難已瞭然於胸，而後又因大同醫院是高雄市政府依促參法委託高醫經營的公辦民營醫院，合約中又沒有明訂設立日照中心這一項目，所以連申請資格都卡關，市府各局處都對大同福樂學堂計畫雖樂觀其成，也都持支持的態度，然而一開始在沒有橫向聯繫下，光是跑法規就耗掉半年時間。

　　然而，最大的阻力乃來自於大同國小校方、家長及當地里長的反對，反彈力之大始料未及。原本大同醫院認為過去承租大同國小後棟校舍當作倉庫及健康守護樂園，也協助整修，應該跟大同國小已建立起相當好的互信，卻在欲設立高齡日照中心時讓雙方良好關係完全幻滅，其後幾次召開的協調會都砲聲隆隆，所有大同醫院團隊成員也都被罵到灰頭土臉，只要是召開公聽會，他們就必須做好心理準備被罵，大同醫院職業安全衛生室主任方泳遠就滿臉無奈的說，罵到最後都習慣了。

　　黃仲平表示，在協調會中，校方、老師、家長和里長所提出來的問題大多圍繞在進來學校的老人是不是有傳染病會傳給小孩？是不是每天都會看到插管行動不便的老人？是不是在日照中心進來後，大同

● 大同醫院社區健康發展中心主任黃仲平

國小就要面臨廢校的問題？有學校老師及家長當場就說，如果日照中心進來大同國小，他們馬上就把小孩轉走；甚至有老師說出大同國小一直是高雄市的都市之肺，不希望因為日照中心進駐之後成為都市之瘤等重話，種種的反彈讓大同醫院團隊從生氣轉為難過，直想問，難道你們都不會老？難道你們家裡都沒有老人？

　　學校反彈力道之大匪夷所思，當時的校長李明堂則認為，當初的反彈、衝突來自於因為不了解所產生的誤會，當時的大同醫院讓他們有「橫柴入灶」的感覺，認為一開始借學校後棟校舍當倉庫及健康守護樂園只是為之後的日照中心作準備，非醫學專業的他們根本搞不清楚日照中心、養護之家、護理之家的差別，在刻板式的印象中，以往安養中心裡面的老人多是插管、行動不便，甚至帶有傳染病，不然就是每一天會看到看護推著行動不便的老人在校園內走動，在這樣的想像下，學校各方的反彈自然很大。

15

● 大同國小前校長李明堂

　　李明堂指出，大同國小曾是學生人數近 7 千的大學校，然而在他擔任校長時，學校僅剩 16 班，學生人數近 300 人，學校的閒置空間想當然爾一定是很多，鄰近大同醫院的大同樓共有 24 間教室屬低度使用空間，配合市府政策，校方也是積極考慮活化閒置空間再利用。因此，除了租借給大同醫院當作存放資料及報銷物的倉庫外，也同時租借給社區作為樂齡中心。在學校學生放學後，樂齡中心辦理各項課程讓社區長輩參加，原本校方希望閒置空間的利用是朝向樂齡中心、非營利幼兒園、托嬰中心等方向，日照中心並未在學校的規劃中。

　　事實上，大同國小招生愈來愈困難，校方及家長都擔心廢校問題，李明堂表示，大同國小所在的位置前有前金國小、旁有隔著中山路的新興國小，因此中山路另一邊的南華路雖是大同國小的學區，但要跨過車水馬龍的高雄市交通幹道之一的中山路，一般家長都不願意，以至於大同國小的學生來源多是侷限於瑞源路這一段及跨區來到大同國

小唸資優班的學生及其兄弟姐妹，學生來源相對缺乏，廢校的疑慮一直存在，因此，大同醫院在租借空間當倉庫及健康守護樂園後，又再度租借建立日照中心，讓他們擔心在這種蠶食鯨吞下，有一天廢校的疑慮將成為事實。

此外，日照中心成立之後，老人在日照中心的時間與學校上課時間重疊，人員進出複雜及後校門因此洞戶全開，其所產生的安全問題也讓大同國小擔心。李明堂指出，樂齡中心的課程都辦在學校放學之後，原本學校放學之後就是開放給社區居民使用，然而日照中心時間與學校上課時間完全重疊，在以往學生進到校門後即管制進出的情況下，日照中心設立之後一定會面臨人員進出頻繁，大同國小將會承擔校園安全受到威脅的問題。

在學校諸多質疑及反彈下，大同福樂學堂日照中心一開始是相當坎坷的，前 1 年幾乎沒進度，黃仲平說，就像是看不到明天一樣，每天除了被罵還是被罵，整個讓人很灰心，在這種衝突及法規問題都無法解決的情況下，時任大同醫院院長侯明鋒決定出面邀請高雄市政府相關單位前往日本長野縣的日、長照中心參觀，於 2015 年 7 月 12 日至 16 日順利出訪，包括當時的高雄市副市長、現任行政院公共工程委員會主委的吳宏謀、市府副秘書長蔡柏英、教育局長范巽綠、當時的衛生局長、現任衛福部政務次長何啟功、科長李素華及社會局長姚雨靜等皆一起前往日本。

侯明鋒認為，日本在老人日照、長照的設立比台灣早 20 年啟動，實際參觀日本的成果，有助於市府相關局處了解日、長照中心之於老人的重要性，同時藉由日本多天的密集互動，讓高雄市政府能夠體認到大同醫院團隊是一個有能力的團隊，並建立起對大同醫院團隊的信任感，因此，隨隊出訪的大同醫院團隊成員不但沒有出國玩的時間與心情，甚至比在台灣上班時還要忙碌，現在看來他也真的很感謝同仁們的任勞任怨，願意跟著他這樣一起狠操。

　　隨隊出訪的黃仲平及大同醫院公關組長雷蕾回憶起那趟日本行都還是忍不住哀嚎，直說很操、真的很操，幾乎是從早到晚都沒有休息，連睡夢中都還在預演隔日的行程。黃仲平說，5天的行程中主要參訪長野縣佐久市的佐久總合病院、松本市的信州大學附屬病院、相澤病院、諏訪中央病院、壽和寮養老院等，白天參訪完，晚上回到飯店便與日本及台灣市府官員交換意見，隔天一早，利用吃早餐時間，只要官員們有疑問，他第一時間就要說明，5天住的飯店早餐他沒有一天吃到，行程緊湊到甚至連購物的時間都沒有安排，完全是出外打仗的模式。

　　不過，日本密集參訪行程的辛苦是有回報的，在與市府官員們密切相處5天回台灣後，高雄市政府由市府副秘書長蔡柏英領軍，前後開了多次跨局處協調會議，從各種面臨到的難題一一想辦法解決，大同福樂學堂總算看到曙光。

● 高雄市政府副秘書長蔡柏英

18

蔡柏英在得知大同醫院的大同福樂學堂計畫後即表示，一定要排除萬難做成功，市長陳菊曾說過，**一個城市的進步要看該城市疼惜老人的程度**，高雄市對於老人福利政策一向很積極，且市府本來就有將閒置空間再利用的相關政策，大同國小是何等福氣有大同醫院為鄰，並由大同醫院出資設立日照中心，**光是成立之後老少共學的場景，就足以成為大同國小教育特色，是世代教育的標竿**，大同國小實在沒有反對的理由。

為了了解大同國小反對的原因，蔡柏英前後前往大同國小與李明堂密室溝通兩次，更當面向李明堂表明，在陳菊市長任內沒有任何廢校計畫，校方無需擔心，也強調，將校園閒置空間再利用是市府的既定政策，同時老人日間照顧中心的設立不但是中央，更是市府積極要做的，大同國小若能居全國之先，協助大同醫院在校園內設立老人日

● 2016 年 5 月善心人士劉用捐贈福樂學堂社區健康照護車，由其子劉韋男（左三）代表捐贈

● 2016 年 3 月大同醫院院慶活動──日照啟航儀式

照中心，那麼不但在活化閒置空間上有效利用，更因為老少共學特色成為世代教育的標竿，大同國小唯有協助成立大同福樂學堂才能再現往日風華，不做就一定會慢慢萎縮，到時候才真的會面臨廢校問題。

李明堂有感於蔡柏英的誠意，並理解這是市府的既定政策，在蔡柏英的建議下，主動上網尋找相關介紹及影片，讓自己更了解何謂日照中心，才能進一步說服學校老師和家長，李明堂為此看了《康健雜誌》的相關文章報導，也上網看了很多國內、外針對老人日照中心的介紹，其中包括知名作家吳若權談他對失智母親的照顧，讓他很感動，也更進一步了解日照中心。

此外，原本也因擔心而站在反對方的大同國小當時的家長會長曹雅玲，也親自前往市府社會局長青中心的日照中心參觀，並拍了很多照片，對於長青中心營造出來如同老人家小時候在廟口聊天般的情境感到很溫馨，且機能健全，也認為大同國小若設立日照中心一定比機

● 2016 年 8 月福樂學堂開幕，市長陳菊參觀學堂

構式的日照中心對老人來得更好，於是在與李明堂兩人取得共識下，在一次的公聽會前，聯手播放相關影片及照片，讓與會的學校老師及家長觀看，大家也都感動的流下淚來，之後對於大同醫院的敵意就減輕了不少。

　　李明堂認為，大同醫院一開始在與大同國小接觸時，讓他們有一種「我就是要在這裡設立日照中心」強迫就範的感覺，這種強硬且缺乏情感性的訴求方式，讓學校老師、家長都認為不受尊重，對他個人來說，必須承受來自老師、家長的疑慮及反對，也要面臨教育局指責不配合，當時壓力之大，非他人可體會，幸好在多次說明，並保證不會廢校及以影片情感訴求後，學校老師及家長也因為了解而漸漸不再反對，最後學校也全力配合，能在退休前促成全台灣首間高齡日照中心在校園內設立，也讓他很有成就感。

● 高雄市政府教育局長范巽綠

教育局長范巽綠則說，在聽完大同醫院團隊的說明後，覺得大同醫院的理念甚好，且符合民間促參條例，大同國小不但可以收租金，更可因為將來發展老幼共學成為教育特色，多方都有好處的情況下，大同國小沒有反對的道理，因此，當得知大同國小強烈的反彈聲浪後，讓她實在無法理解，前後經過 162 次的公聽會、協調會，才促成大同福樂學堂在大同國小設立。

范巽綠認為，現在的學校不應該過度保護自己，在目前一切講究融合的時代，面臨少子女化的學校應該要有翻轉校園的想法，與在地聯盟、發展在地特色，才讓學校能永續經營，共享校園才是加分，過於保守才會讓學校走向沒落之途。

事實上，在日本行後，高雄市各相關單位全部動起來，時任衛生局長、現任衛福部政務次長的何啟功就表示，**使長輩能安心的「在地老化」是目前國家長期照護政策的目標**，佈建普及可近的社區照顧資源，以滿足輕度失智、失能老人的照顧需求，日間照顧就像長青幼兒園，讓長輩白天可藉由交通車的接送、接受專業的生活照顧服務，以及復健運動課程、健康促進等活動，到了晚上則返家，提供失能長輩個人化、多樣化且方便化的服務，減輕家庭的照顧負荷，更希望長輩在他熟悉的地方獲得最好的照顧，能健康、安心、安全的生活。

不過，何啟功也說，當初在大同國小設立日照中心並非一區一日照的想法，畢竟在都會區設立日照中心並不困難，大同福樂學堂的設立概念來自於校園閒置空間活化再利用，同時也能推行老幼共學，讓小孩能了解老年之後的動作、想法等等，藉此更理解老人並親近老人，而老人也因為每天看著活潑可愛的小孩而看見生命延續的希望，這樣的想法他很早以前就曾在高雄市議會接受質詢時提過，獲得多位議員的認同，而在大同國小設立高齡日照中心是解決多樣問題的最好做法，「想自己少一點，想別人多一點」就能減少很多衝突。

● 衛生福利部政務次長何啟功

行政院政務委員吳宏謀也說，社區型的老人日、長照中心非常適合在台灣推行，以往老人相關照護機構因為需較大且便宜的土地，多設在郊區或山上，將老人放在這麼遙遠的地方是非常殘忍的，子女親友探視也不方便，也因此才會有老人恐懼前往安養院，並產生住安

養院是被子女遺棄的情緒，倘若在老人居住的社區就有日、長照中心，不論是白天在中心、晚上回家，或是在中心長住，對老人來說都是熟悉且離家近的地方，來得友善許多。

● 行政院政務委員吳宏謀

　　吳宏謀表示，大同國小地理位置相當好，不但位在市中心交通方便、環境也好，更有大同醫院當鄰居，是一處可以有效發展老人日照中心的地點，成功之後將是日照中心與校園閒置空間結合的典範；然而，他也可以理解大同醫院一開始推動大同福樂學堂時所遇到的困難及面臨的衝突，那是因為缺乏溝通及相互理解，在經過近 2 年的溝通協調後促成，過程也許漫長，但也都是一種教育。

　　接任大同醫院院長時，是大同福樂學堂設立過程最為衝突時期的吳文正也說，在溝通過程中，所有的壓力及問題來源均來自於大同國小校方、家長及當地里長的反對，但大同醫院沒辦法回答及解決屬於

公部門的問題，也沒辦法給校方任何的承諾，直到高雄市政府由副秘書長蔡柏英領軍協助協調，才讓溝通有了眉目，也才一一克服困難。

以大同福樂學堂的經驗來看，大同醫院副院長吳登強也認為，讓民間企業或單位願意投入日、長照中心的設立，就要讓政府與民間的對口單純化，高雄市政府在面對大同醫院設立福樂學堂的過程是全力支持，且完全由市府副秘書長蔡柏英統籌，一有問題發生，馬上由蔡柏英召集相關局處協助處理問題，也因此即使在整個籌設的過程中雖然是困難重重，卻也能一一解決，造就這全台灣第一家在校園內設置的日照中心，也有翻轉閒置校園的機會。

以往在社政及醫療分離下，老人照護與醫療是脫勾的，然而沒有病痛的老人幾乎很少，或多或少都存有慢性疾病，長期照顧下來是無法脫離醫療。大同福樂學堂的在地老化、校園活化的典範，是開啟台灣老人照護及閒置空間利用的新頁，吳登強認為，高醫及大同團隊是

● 大同醫院副院長吳登強

不會和稀泥的，要做就要做到最好，一開始也由他親帶團隊多次參與
市府協調，同仁遇到問題時也能在第一時間告知他來解決，成立至今
也逐漸顯現效益，更堅定高醫及大同團隊在未來日、長照中心設立的
腳步，希望能善盡社會責任，照顧更多需要照護的長輩。

闖關成功　突破法規

　　大同福樂學堂日照中心在申請階段除了要面對大同國小校方及家長的反彈外，在大同醫院可否申請成立日照中心及學校校舍是否能變更成為社會福利機構等問題上同樣困難重重，所幸在高雄市政府全力協助並擴大解釋法規、尋找可行法規後才解套，過程可說是坎坷不已。然而在順利成立後，法規的修改以利更多社福機構在校園內成立日照中心已成為中央及地方的共識，將造福更多有心的後繼者。

● 視察日照中心改建工程

　　大同醫院在提出申請於大同國小成立日照中心第一步就被衛生福利部打槍，原來在此之前，日、長照中心屬於社會福利單位，可由一般社福機構申請、經營，但醫院卻不行，醫院只能申請成立護理之家，因此大同福樂學堂日照中心設立計畫一提出申請，計畫就被中央退回。

27

再則，大同醫院是高雄市政府委託高雄醫學大學附設中和紀念醫院經營，屬於 ROT 案，在高醫團隊進入大同醫院後，所作所為都必需符合合約內容。大同醫院有意成立大同福樂學堂日照中心時，因高雄市政府當初在合約中並未載明經營或成立日照中心，屬於合約之外的經營項目，計畫案當然也被高雄市政府退回。

在發現法規與市府促參法 ROT 案的限制卡關後，由蔡柏英邀請衛生局及社會局協調，最後協調由以大同醫護團隊為主組成的社團法人高雄市失智症協會向社會局提出申請，再由社團法人高雄市失智症協會與大同醫院合作成立大同福樂學堂日照中心，並依雙方合約約定由大同醫院實質運作執行。蔡柏英表示，大同福樂學堂日照中心是一定要完成的，只有要問題就跨局、處討論及整合，全力促成。

劉景寬說，雖然高醫很早就投入老人議題研究及照護，然而受限於醫療體系一直沒辦法成立日、長照中心，原先大同醫院租借大同國小閒置空間開辦健康守護樂園也只是課程形式，想要成立日照中心還是窒礙難行。最後由高醫輔導成立的社團法人高雄市失智症協會承接日照中心業務，再與大同醫院合作，才算真正突破法規的限制。劉景寬表示，大同醫院團隊大概花了 3/4 的時間在與國小協調及突破法規的限制，幸好在高雄市政府全力的支持下，讓大同福樂學堂能順利成立並運作，也開啟台灣日照中心的新頁。

經過大同福樂學堂這一案後，何啟功表示，在面臨人口老化問題時，中央屬意多設立日、長照中心，因此在行政法源上產生的問題都將檢討、修法，讓法規能夠符合現行社會的需求，鼓勵多一些民間單位願意投入設立日、長照中心。

高雄市政府衛生局及社會局也已取得共識，未來只要是醫院申請日、長照中心都由衛生局協助及管理，衛生局長照科科長李素華表示，未來醫院也可以申請設立日、長照中心，只要向衛生局申請核備即可，至於大同醫院受促參法之 ROT 案的限制，高雄市政府則還在努力中，

希望能夠儘快找到突破的法源，讓相關也是屬 ROT 制度的單位都可以直接投入老人照護行列。

在克服大同醫院申請資格及各方反彈聲浪後，開始著手租借大同國小後棟大同樓的整修工程，但無法避免的，在校園用地使用執照用途變更問題上立即遇到阻礙。大同福樂學堂日照中心委託的建築師張文昌表示，在法源上並沒有校園建築物使用變更為社會福利用途一項，

● 日照中心教室汰換佈建新管線

大同國小設立日照中心可說是史無前例，相關單位幾經討論，將相關建築法規翻了又翻後，在內政部營建署「都市計畫公共用設施用地多目標使用辦法」中，找到第三條第五項「閒置或低度利用之公共設施，經直轄市、縣（市）政府都市計畫委員會審議通過者，得作臨時使用」施行細則，為大同國小閒置的大同樓變更成為日照中心用途解套。

解套後的大同樓即進入整修階段，記載為民國 56 年所建的大同樓卻是建照、使用執照都兜不攏，張文昌表示，大同樓應該不是一次就完成的建築，所以有的區域沒有建照，有的則是建照記錄與實際不符，不然就是有建照卻不是標明的所在，早期公共建築的草率簡直是讓人大開眼界。

張文昌表示，民國 50 年代台灣還沒有建築法規，不但在施工上沒有任何規定標準，防震、消防等更不用說也沒有太多規範，且很多建築物都是先建了再申請執照，犯了非常多結構上的問題，這樣的建築物根本就無法抵擋得住地震的震度，這就是為什麼 921 大地震時，有這麼多老舊建築物不耐震應聲而倒的原因。

● 日照中心教室主結構補強

● 日照中心教室地面重綁鋼筋強化

　　於是，高雄市政府與大同醫院工程部門再次協調後，請來建築師公會重新為大同樓鑑定，研究目前僅有的建照、使用執照後，重新再發予建照；此外，消防設施及無障礙環境的規劃也全都重新鑑定，原本打算連大同樓2樓都一起作為日照中心的場地，也因為無法增設電梯等無障礙設施無法突破而作罷，改為辦公室使用，種種問題在全部執照合格後才開始動工。

● 改建清出廢棄物

大同醫院職業安全衛生室主任方泳遠就說，從 2014 年申請到 2016 年 5 月正式動工，前後延宕近 1 年半的時間就是在尋求法規上的解套，然而法規的解套不代表就進入一切順利的圓滿狀態，因為教室開始整修動工一挖開再次讓所有人傻眼。

　　張文昌說，大同樓在民國 56 年興建，建築物已達 50 年以上，屬於相當老舊的建築物，這 50 年來歷經大大小小多次地震後，主結構已經遭到破壞。既然碰到也只好重綁鋼筋和灌漿做起，將整個樓地板補強後再重新舖上水泥，而鋼筋裸露的樑柱及走廊上的柱子也全部都再上鋼筋後用鋼板包起來，增加安全性。

● 高醫體系首長視察設施品質

　　為了讓日照中心長輩們上課的教室可以更加明亮，大同醫院也把所有的窗戶全部重新換窗，原本以為只要統一將窗框重做，框上新的玻璃即可，師傅們文公尺一量，再次傻眼，因為沒有一個窗戶是方正的，每個窗戶看來好像都一樣，但量起來各種尺寸都有，早期建築之粗糙，

讓所有的人都大開眼界搖頭不已，所以原本應該規格化的窗戶，變成一個一個重新訂作、「客製化」設計，張文昌說，大同醫院因為這些無法想像的早期粗糙工法，前後追加不少預算，也是始料未及。

原本一開始的規劃中，大同醫院為了減少日照中心長輩的移動次數及移動距離，打算將4間教室的牆打掉併成一大間，後來也因為結構老舊，有安全性的考量而作罷，首次接觸到老舊校舍整修業務的張文昌說，這次的整修可以說是將不可能的任務達成，還好在高雄市政府的全力支持及大同醫院不惜投資成本下才促成，可說相當難能可貴。

● 高醫體系首長視察設施品質

排除萬難整修完成的大同福樂學堂日照中心就位在大同樓1樓，4間教室分別為午間休息寢室、學習教室、運動復健室及餐廳，其中午間休息寢室是福樂學堂長輩的最愛，共設置30床，長輩們的床位都是

● 嶄新的日照空間：明亮的用餐空間　　　● 嶄新的日照空間：舒適的桌椅及沙發

固定的，為了睡得舒服，有長輩帶來自家的枕頭、棉被，也有女長輩就拿來家裡的玩偶放床頭陪伴睡覺，舒適的空間像是在家裡一樣，也讓來到福樂學堂的長輩能夠很自在。

● 嶄新的日照空間：舒適的閱讀空間

對話磨合　互動交流

　　大同醫院花費近 2 年時間利用大同國小閒置校舍設立大同福樂學堂日照中心，籌設過程可說是一波多折，突破重重難關才順利成立。然而開始運作後，大同福樂學堂現場工作人員、學員與學校的磨合、衝突、融合的苦難才真正開始，只是服務失智、失能老人的初衷屹立不變。

　　日、長照中心以往都是隸屬於社福單位管理，投入的人力也以社工師為主，大同福樂學堂負責照顧學員的是「照顧服務員」，但照服員並非全是護理人員出身，社工師對於專業的護理照護也不太了解，因此大同福樂學堂成立並運作後，首先需要的現場磨合就是學堂裡的社工、照服員及大同醫院護理人員，時任大同醫院護理部主任、現任院長室秘書陳麗琴便一肩擔起這三方磨合的重任。

● 大同醫院院長室秘書陳麗琴

進入大同福樂學堂的照服員未必之前就有照護老人的經驗，一開始在與現場社工搭配時經常不同調，相互之間也覺得對方不懂、不夠體貼，然而照服員又歸社會服務室管理，在相互不同調下，糾紛很容易產生，大家最初的熱情也漸漸被消磨。陳麗琴的護理專長就是老人照護，在大同福樂學堂成立後，大同醫院屢屢面對現場人員的大大小小糾紛，便緊急徵召陳麗琴投入，陳麗琴加入福樂學堂協助訓練並安排照服員作息的工作。

專長老人照護的陳麗琴一開始先觀察大同福樂學堂的運作模式後，將照服員的工作分派、輪流、排班等都訂定出一套常規，誰該在什麼時候做什麼事？或是利用阿公、阿嬤們休息時也輪流休息，依照阿公、阿嬤們的作息，誰要在教室陪同、誰在上課時要到教室外照顧學員等等，在與照服員討論並獲得共識後，照會現場管理的社工人員，安排清楚後就沒有太多的問題了。

來到大同福樂學堂的長輩們就跟孩子到學校上課沒兩樣，所以長輩們到大同福樂學堂一天到底做了什麼事？藥有沒有按時吃？一整天有沒有什麼狀況？家屬也都想知道，因此陳麗琴就設計類似國中、小學學生的親子手冊，讓照服員每天可以簡單扼要的記錄阿公、阿嬤們在學堂裡情況，家屬們每天有特別需要交待的事情，也都能透過手冊來告知照服員。有趣的是，每位學員的手冊封面不但有隸屬那一位照服員的「家庭」名稱，還有他們自己設計的圖案，不論是塗鴉，還是貼照片，都有各自獨特的風格。

大同醫院管理室主任黃建民認為大同福樂學堂要走出與傳統日照中心不一樣的模式，因為由大同醫院成立，讓大同福樂學堂不應只有社工資源，還能帶入更多的醫療資源，包括護理、家醫和復健科等專業人員進駐，醫護體系搭配社服的多元發展，讓日照中心可以朝向更長遠的目標邁進，同時也有利於人才的培育，發展出品質更好的日照中心。

● 大同醫院管理室主任黃建民

　　大同福樂學堂現場社工師、照服人員及護理人員因同樣隸屬大同醫院體系，在磨合上沒有太大的問題、也沒花太多的時間，然而與國小學校間的磨合至今仍不斷地在尋求相互可接受的標準。

　　大同福樂學堂主任謝文蒨從小港醫院到大同醫院都在社會服務室服務，以往醫院的社工所接觸到大多為弱勢病人，需要協助弱勢病人出院後的去處、協助解決經濟、無人照顧等問題，工作所看到大多是比較負面的情緒，心臟也因此被訓練得很強。大同福樂學堂算是她第一次走出醫院社工單位，但來到日照中心也是一項挑戰，卻也因為大同福樂學堂的學員們多數是來自社經地位較高、教育程度較高的家庭，所以面對不再是弱勢、經濟等問題，而是從預防的觀點出發，發現學員們的弱點，並加以訓練、減緩惡化的速度，跟過去在醫院要不斷協調、爭吵的工作形式很不同，雖然工作壓力還是很大，但因為每天跟老人家在一起，心境是相當愉快的。

對於每天愉快上班的謝文蒨來說，不是因為福樂學堂裡的長輩傷腦筋，反而是不斷地接收到學校老師、家長們質疑老人們會不會帶來傳染病？或是失智老人會不會打人？這些匪夷所思的問題讓謝文蒨有點錯愕。難道是因為自己在醫院待久了，對老人家的認知比較寬鬆嗎？還是她真的對疾病已經到了免疫的程度？

面對老師和家長的質疑，謝文蒨總是笑笑地說，家裡也有老人，平常都跟老人家在一起，也沒被傳染什麼疾病，更何況失智並不是

● 大同醫院社服室主任謝文蒨

傳染病，而且所有來到大同福樂學堂的長輩也都必須先接受健康檢查，確認沒有任何傳染病後才能進來大同福樂學堂，且每天都需測量體溫、血壓，記錄在冊，傳染病的疑慮實在是多慮了。

事實上，在大同福樂學堂籌設過程中與學校的最大衝突是，校方曾一度希望能在大同國小小朋友上課的範圍與大同福樂學堂間建築一道牆，這樣的建議想當然被否決。但在大同福樂學堂開始運作後，大同國小校長林鶴貞仍希望大同國小及大同福樂學堂的活動區域應該要釐清。

林鶴貞舉例說，在大同福樂學堂學員進來後，有一位家屬每天早上8點多到校時，就會帶著失智的爸爸在操場上散步，然而操場是學

生上課的場域，當初大同福樂學堂租借的範圍僅限於大同樓，所有老師看到家屬帶著老人家在操場上散步會提出質疑，擔心小朋友在操場上課萬一不小心傷到長輩也是很麻煩。

● 大同國小林鶴貞校長

還有一次學校朝會時，大同福樂學堂裡的長輩可能是看到小朋友很開心，就直接往隊伍走過來，老師們看到時很驚訝，不知該如何是好，不久就有照服員跑出來將長輩帶回福樂學堂裡。林鶴貞認為學校老師們對於老人家的看法都很正向，也不覺得老人家會傷害小朋友，但是學生上課就是上課，大同福樂學堂在大同國小裡不代表學堂的長輩就可以不分時間自由在校園內走動，而至今學校這方也未曾聽聞有小朋友跑到福樂學堂，她認為學校應該是學生安全的學習場域，要做到零意外、零疏失，這是校方與福樂學堂都應該要遵守與互相約束。

大同福樂學堂社工師鍾燕惠在學堂開始運作後，即經常接到國小校方的來電，告知福樂學堂踩到學校的紅線，像是有家屬陪同長輩在操場上散步一事，是學堂的謝阿公每天到校後，兒子為了讓爸爸能夠運動，在他和外籍看護的陪同下，邊聊天、邊走學校操場5圈。謝阿公沒有任何的攻擊性，同時也有兒子和外籍看護陪同，理應不會有任何問題，但校方認為此舉干擾小朋友在操場上體育課，也擔心活蹦亂

跳的小朋友會不小心傷到謝阿公。雖然福樂學堂及家屬向校方保證會看好阿公，但校方仍擔心希望家屬及學員能撤出操場，謝阿公的兒子退而求其次在學堂前的跑道上改走直線來回，卻也仍然不被學校接受，希望謝阿公能退到福樂學堂的走廊，雙方一直還在磨合中。

此外，希望做到校園零意外、零疏失的林鶴貞對於大同福樂學堂早上學員從後校門進到學校的安全管制仍有疑慮，原本大同醫院允諾可以派一名專職的警衛守在後校門，但遲遲沒有落實，每天家屬進進出出讓後校門形同沒有管制，也讓他們很擔憂。

對於後校門的管制問題，大同福樂學堂每天在學員們到齊後即鎖上後校門，家屬進出必須撥打電話或按電鈴，才有人開鎖，安全管制上非常小心，未來有意在後校門設置電子感應門卡，讓後校門的安全管制更嚴密。

其實，對大同國小老師們來說，廢校的疑慮即使獲得市長陳菊的承諾任內不會廢校，卻仍然讓他們存在著廢校的不安全感，林鶴貞也不否認這樣的危機感依然存在，認為大同福樂學堂進入大同國小後將會一直存在著，日、長照中心的設立也是既定的政策，會不會到最後為了配合政策，大同國小就因此被犧牲？

大同國小是前金區歷史最悠久的國小，即使因為少子化、人口遷出等種種因素讓該校減班，但林鶴貞向市府喊話，只要大同國小還有學生，市府都不應該將大同國小廢校，市府應該考量到地方的需求，而非以經濟價值、CP 值來看。

事實上，106 學年度大同國小改為大學區制，也就是新生入學不需要看是否為學區內，整個大高雄都可以是大同國小的學區，今年初已有學生家長來參觀學校環境，當然也看到大同福樂學堂的運作，家長當面沒有提出任何問題，卻耳聞是因為大同福樂學堂的關係選擇讓孩子就讀其他學校。林鶴貞對此很無奈，表示以後將加強對新生家長的

主動說明，告知大同福樂學堂裡的學員狀況，讓家長能夠了解，否則因為家長沒問、校方沒有主動說明，因為不了解而放棄就讀大同國小非常可惜。

不過，蔡柏英和范巽綠都認為大同國小廢校的危機感是多慮了，她們表示，大同國小是全台灣第一個在校園內同時設立日照中心的學校，由此發展老幼共學為學校的特色，作為社福與教育共融的典範，將來學校要被廢也很難了。

范巽綠認為學校不應該過度保護自己，**在老齡化的時代來臨，學校更不能自絕於社會脈動之外**，應該以更開放的心胸來看待大同福樂學堂的進駐，教育局也將在 105 學年度結束之前進行大同福樂學堂及大同國小的利害關係人使用意見問卷調查，希望藉由所有利害關係人的意見回饋能更了解彼此的想法，進而促成未來更好的互動。

面對現場磨合的種種問題，黃建民願意用比較正面的角度來看，一開始進駐在大同國小裡，光憑想像沒有踏出去試試什麼都很難，卻也不知道障礙在那裡？而後由大同福樂學堂主動採取柔性的議題式活動，像是新年拜年、老幼共融運動會等等，讓彼此慢慢卸下心防，朝向正面方向邁進。現在再回頭看看一路走來，從原本一開始的衝突、希望築牆阻隔視覺接觸，到現在能夠共同舉辦活動、新學年度也將老幼共學列入新的課綱，這代表之前的種種限制及心房已經逐漸打開，關係也改善許多，希望在課綱底定後，一切都能夠有標準化的過程，甚至有朝一日也可以讓小學生到日照中心擔任志工，讓學生志工時數可以認列等等，未來發展的可能性無窮。

鍾燕惠曾說，現場磨合才是衝突的開始，然而因為一開始不了解而有衝突，也希望未來能夠因為積極的互動，相互的了解與體諒，能讓衝突愈來愈少，氣氛愈來愈和諧，共創老幼共學美好的環境和典範。

靈魂人物　缺一不可

　　大同福樂學堂每天都有30位失智、失能長輩到校上課，一整天下來大大小小的狀況不少，完全靠學堂裡第一現場的社工及照服員掌控全局，讓長輩們每天都可以快樂上學、平安回家，對大同福樂學堂的長輩來說，這些工作人員早已像家人一般讓他們信賴，也充滿安全感。

社工：掌控全局的關鍵核心

　　要說大同福樂學堂的靈魂人物非社工鍾燕惠莫屬，一整天就看著鍾燕惠忙進忙出像個陀螺般，安排實習學生與長輩們互動、打電話聯絡餐點、早點名、上課、解決照服員回報的長輩問題等等，陀螺般轉啊轉的，但再怎麼轉，鍾燕惠始終保持著親切的笑容，問她，不累嗎？她說，不會啊！我們的學員都這麼可愛，怎麼會累！

　　鍾燕惠學的是社工，一畢業就從事與老人活動相關的工作直到現在，她說，很喜歡老人家，喜歡跟老人家聊天，因為他們擁有很豐富的人生經歷，跟他們聊天很有趣，還好她也很有老人緣，所以老人家看到她都很

● 社工鍾燕惠是福樂學堂的靈魂人物

開心，她也很會逗老人家開心，任何一個陌生的老人家進來，她都可以馬上跟他們聊得很開心，如果不是從年輕就接觸老人家到現在，大同福樂學堂每天都有那麼多的狀況需要處理，她早就投降了。

對鍾燕惠來說，大同福樂學堂的老人家都像自己的阿公、阿嬤一樣，每個人的個性、脾氣都瞭若指掌，隨便抽一位學員她都可以鉅細靡遺說出學員的年齡、背景、失智、失能狀態與喜好等等，所以只要有學員耍脾氣或不願意上課、配合，她都可以馬上神救援，非常厲害。

開朗的鍾燕惠說，阿公、阿嬤們即使是失智都還是有一定的榮譽感，藉由激發榮譽感總能讓他們牢記很多事情，像是每天一早的打卡，就是她告訴阿公、阿嬤們打卡全勤有神秘禮物，硬是讓有失智症的他們每天都牢牢記住打卡這件事；而為了每天早上的早點名讓阿公、阿嬤們有參與感，她更以每日班長制讓學員們輪流當班長，首位班長就是從飯店財務副總退休、對數字具有敏感度的孫金春，只見孫金春一板一眼，1 號到 30 號點名點的非常清楚，讓所有人都為他的精明鼓掌。鍾燕惠笑說，就當作是自己的班級來經營，阿公、阿嬤們也許失智，但榮譽感還是根深蒂固在腦子裡。

● 照服員協助體適能運動

照顧服務員：
阿公、阿嬤的貼心助理

如果說鍾燕惠是大同福樂學堂現場的靈魂人物，那

● 照服員讀報

4位照服員就是不可或缺的貼身助理，照服員以1:8的比例來照顧學員，每位照服員都將所照顧的7至8位學員當作一個家，會自己取家名，也會有自家的規範等等，照服員在大同福樂學堂裡是阿公、阿嬤們最依賴的「家人」。

今年40歲的照服員黃佳惠因為喜歡老人、也喜歡和老人聊天，從學校畢業後一路都是從事老人照護工作。她説，以往自己從事居家照護，居家照護的老人大多身體無法自主，常需要抱著上下，年輕時她可以這樣抱上抱下，年紀愈來愈大身體也漸漸吃不消，所以看到大同福樂學堂在徵求照服員公告後就前來應徵，她很喜歡大同福樂學堂溫馨快樂的氣氛，且學堂裡的阿公、阿嬤雖然都有失智或失能的病狀，但因為每天都有朋友一起聊天、一起上課，很多事情都可以自己主動完成，照服員只要針對他們比較欠缺的部分給予提醒即可，反而比起居家照護的一對一服務來得輕鬆一些。

　　黃秀梅則原本是大同醫院負責傳遞文件、接送病患作檢查的傳送員工，每天上午 4 小時、下午 4 小時在全院跑來跑去，相當耗費體力，她已經 52 歲，想想再這樣跑下去也不是辦法，再加上傳送工作是大同醫院的外包業務，公司與醫院每 2 年簽一次合約，如果沒有續約，她就失業了。於是在同事們互相鼓勵下，她便到阮綜合醫院報名照服員訓練課程 125 小時，並在考前花錢請老師加強，人生第一次考證照，也讓她一次就通過，拿到照服員的證照後就到大同福樂學堂應徵報到。

　　黃秀梅因為先前就在大同醫院工作，對於照顧病人並不陌生，也很有耐心，在大同福樂學堂的工作雖然不同以往，必須更注意阿公、阿嬤們的狀況，在他們情緒不穩時需要安撫，但學堂裡的主任、督導都很照顧照服員，也很願意花心思教導他們，而且還可以跟著學員們一起上課學習新知、一起唸書，非常有趣，也讓她很愛大同福樂學堂的工作。

● 照服員協助長輩上、下車

黃佳惠和黃秀梅都喜歡大同福樂學堂裡的阿公、阿嬤們，每天跟著像小孩一般的阿公、阿嬤相處雖然開心，卻也不免讓她們想到自己老年以後的樣子。黃佳惠說，她是盡量不去想啦！不然愈想會愈悲觀，反正人都會老，老年之後的情況也不是自己能完全掌控的，一切就順其自然；黃秀梅就想得比較多，她說，她不希望活太久，如果能夠健健康康的老去，那麼活久一點可接受，但如果是生病，還是早早離開才不會拖累孩子。

專業輪椅接送車隊：不可或缺的接送幫手

每天一早和下午接送大同福樂學堂阿公、阿嬤們的助手專業輪椅接送車隊司機陳英來甚受鍾燕惠稱讚是一位很有愛心和耐心的司機，身材壯碩的陳英來每天早上都精神奕奕的將阿公、阿嬤們送到學堂，一到學堂就會大聲的說，阿嬤來了，熱情一下子感染所有人。

陳英來投入專業輪椅接送已經 3 年，當初因為家裡也有失智老人需要常常進出醫院，卻總是叫不到專業的車子可以接送，都要家人一起抱上抱下，很不方便。他在得知高雄市政府鼓勵民間成立專業輪椅車隊後，便自己投資新台幣 150 萬元購買符合市府規定的進口車。他說，當初要投入時沒考量購車的價格，真正做了這行後才發現不要說賺錢，連回本都很難，主要是車貴、維修零件也貴又常缺貨，如果不是像他這樣懷有熱情一股腦兒想服務有需要的民眾，很多司機看到購車價格就直接打退堂鼓，不然就是半路認賠退出，以至於現在專業的輪椅接送司機愈來愈少。

陳英來說，每天載送老人家讓他心情很愉快，在車上也都會跟老人家聊天，大同福樂學堂的老人家因為是來學堂裡上課，每天也都跟同學和學堂裡的工作人員互動，所以比起單獨在家接受家人或看護照顧的老人家們來得更友善，與人對話回應也更多，讓他很喜歡跟大同

福樂學堂的阿公、阿嬤們在車上話家常。

　　陳英來因為投入專業輪椅接送已有 3 年，所以客源相當固定，雖然無法回本賺錢，但也不至於賠錢，然而看到現在專業輪椅接送的司機愈來愈少，他也跟高雄市政府交通局建議應該讓專業輪椅車輛以國產車為主，不僅價格可以比進口車輛便宜 1/3 以上，維修也相對便宜很多，能鼓勵多一些有心的司機投入，畢竟未來老齡化社會來臨，專業輪椅司機的需求也會愈來愈多。

● 司機陳英來接送長輩上、下學

他山之石　可以攻錯

　　2015 年 7 月日本長野縣的參訪行程可說是促成大同福樂學堂日照中心成立的重要關鍵之一，邀約高雄市政府官員前往日本參訪的前大同醫院院長侯明鋒表示，日本對於老人照護啟動比台灣早 20 年，台灣的老人福利政策其實很大部分是參考日本建置而成，前往日本實際了解這 20 年來發展的結果，進而發展出屬於高雄市的日、長照中心，那此行就甚具豐碩成果。果真經過這一參訪，讓已幾近撞牆的大同福樂學堂邁向成功之路。

　　日本長野縣參訪之行，是由時任高雄市副市長、現任行政院公共工程會主委吳宏謀領隊，高雄市政府副秘書長蔡柏英、時任高雄市政府衛生局長、現任衛福部政務次長何啟功、教育局長范巽綠、社會局

● 長野縣知事阿部守一（前排右五）與訪問團成員一同合影

47

長姚雨靜、衛生局長照科科長李素華及時任社會局老人福利科科長劉華園等前往參訪，大同醫院團隊也精銳盡出，由侯明鋒親自領軍，包括當時的副院長王文明、醫務秘書陳芳銘、高專陳益良、社會服務室主任謝文蒨、大同福樂學堂日照中心計畫負責人黃仲平、時任復健科主任陳嘉炘及心臟內科醫師郭炫孚等，高雄醫學大學物理治療學系副教授廖麗君、職能治療學系助理教授蔡宜蓉也陪同前往考察。

李素華在參訪之後表示，**高雄市是以老人爲本的友善城市，要更積極規劃推動高齡長輩照護政策，達到老人在地安心、安全、安享的生活**，而日本在西元 2000 年就開辦老人介護保險制度，足足比台灣早 20 年，台灣與日本社會風俗、人文價值觀等文化相近，透過日本長期照護成功經驗交流，學習日本介護保險 20 年經驗和完善的長期照護服務體系，以建立高雄長期照護服務網絡模式，提供長輩友善的社區長期照護服務，有助台灣規劃推動高齡長輩照護政策。

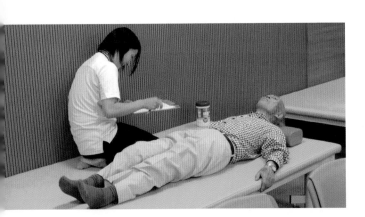

● 參訪湘澤病院

高雄市政府和大同醫院參訪團參觀的長野縣佐久市、松本市的醫院、區公所及安養院等，長野縣人民是日本最長壽、健康的縣民，男性平均壽命 80.88 歲、女性平均壽命 87.18 歲，而佐久市又比長野縣平均壽命更長，男性為 81.87 歲、女性為 88 歲，根據佐久市的分析指出，該市市民長壽的主要原因是具有豐富的自然環境和農作物、充實的醫療及預防保健政策、保健員及志工積極推動社區健康促進活動、市民良好的生活型態。

佐久市市民健康部部長比田井和男在跟參訪團簡報時指出，佐久

● 松本市政府訪問──由市長菅谷昭接待

市預估在 2025 年將面臨第二次世界大戰後嬰兒潮出生者將達 75 歲以上，老人照顧需求大增，因此，佐久市擬訂的高齡照護政策將在 2025 年前建構全面性的高齡社區照顧系統，除了提供急性及亞急性的醫療照護、介護服務生活支援等外，特別在失智老人及 75 歲以上老人的照顧將建立多元及專責單位，以提供更有效率的社區照顧服務，讓老人在自己熟悉的環境生活安老。

● 高雄市與松本市簽署健康、福祉、教育領域交流備忘錄

● 松本市政府官員與訪問團成員合影

此外，佐久市也鼓勵老人積極參加活動，很多有趣的活動由老人主動提出，活動內容經相互交流意見來決定，同時，最為特別也較困難的是推動「由老人主動提及規劃」自己的臨終準備，這樣的議題很重要，但也很先進，推動過程碰到很多困難，不過，佐久市在歷經多年努力後，已慢慢開展出來，讓老人能規劃自己想要、最好的臨終準備。佐久市府也已有一完整的照顧體系運作，李素華認為，佐久市

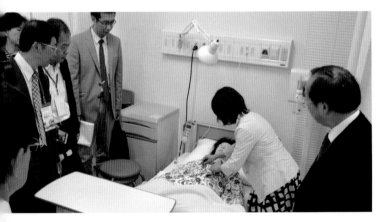

● 參訪佐久大學

的許多老人照護政策都與高雄市有異曲同工之妙,該市的推展過程及成果都很值得高雄市學習與借鏡。

　　完備的照護系統也需要相關醫護人力配合,日本現在也同樣面臨護理人力不足問題,需求面大於供給面,護理品質提升非常重要,目前也積極改善護理人力與病人比,由 10:1 提升至 7:1,確保臨床照護品質,而佐久大學是日本知名的護理人才培育大學,學校分為 2 年、3 年專科及 5 年大學學制,學生畢業後經國家考試取得看護師、保健師及助產師資格;而佐久大學、信州短期大學介護福祉學科是專門培訓老人介護服務人員,目標是畢業後百分之百就業,相關的專業人員培訓也值得台灣的醫學大學參考。

　　佐久市內的佐久綜合病院是一家專業的醫療和緊急救護中心,從事醫療保健,首要目標更是一個區域醫療支援醫院,從醫院式醫療轉型為社區式醫療,由於在地務農多,該院觀察農民因忙碌農事,容易流汗也容易攝入鹽分,懷疑可能因此中風病例較多,所以在醫療預防概念上特別致力於改善民眾飲食減鹽習慣。

　　老人人口數達 27% 的佐久市,也為了不讓老人依賴病床導致無法移動,讓老人在出院後能持續受到醫療的照顧,佐久綜合病院採在宅醫療服務,由醫生及護士各 1 人一起到宅,不管是眼科還是外科,甚至是 X 光設備也都可以到宅,為了讓老

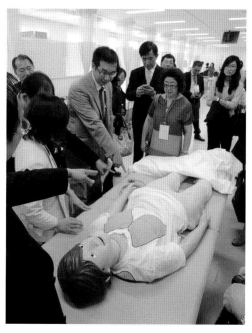

● 參訪佐久大學

人家開心，醫護人員還會 cosplay，像是聖誕節扮演聖誕老公公等，這樣的到宅醫療可以讓老人獲得醫療及精神恢復，對家庭照顧者也多有幫助，所以即使在醫院平均 1 小時能治療 6 位病患，到宅醫療 1 小時最多只能訪視 2 個個案的落差下，但到宅醫療可以讓老人安心在家生活，日本政府及病院仍大力推動這項政策。

日本支撐居家醫療的來源是 2002 年導入的介護保險，並在 2006 年導入居家醫療支援診療制度，啟動 24 小時全年無休的居家醫療支援體制，將慢性病與社會性住院患者從醫療轉往地方上的住家或各種設施中，也是值得台灣推動在地化老人照護的參考。

參訪團也參觀信州大學附屬病院，其中急救救護體制部分，日方帶參訪團到該院頂樓參觀。據說每個長野縣地區醫院都設置的救護直升機，信州大學附屬病院表示，直升機是縣政府補助，由醫院直接管理，每次出任務除配備直升機駕駛員外，還有 1 位醫生及 1 位男護士，

● 信州大學附屬病院之急救直升機

● 參訪信州大學附屬病院

讓他們能在飛機上就對病人做簡易的醫護處理，直升機急救從 2011 年
10 月到 2015 年 3 月底為止，出勤次數為 1,566 次，提高救命率。

「急救直升機」讓吳宏謀印象深刻，認為台灣各大醫院頂樓都應
該設置可停直升機的機坪，讓偏遠地區病人可以利用直升機得到更好
的照顧。

蔡柏英同樣對日本各醫院頂樓設置直升機機坪很是讚賞，並表示，
直升機將病患送達後，頂樓電梯便直通手術房，可以縮短病患接受醫
療的時間，台灣應該引進同樣的概念，讓病患都能在最短的時間得到
最好的醫療救治。

李素華也贊同指出，信州大學附屬病院加強緊急應變和災害醫學
護理，與航空合作提供偏遠地區緊急救護直升機服務，保障了長野縣
市民生命安全。氣候變遷帶來的風、水災也同樣經常威脅高雄偏遠地

區民眾的生命，信州大學附屬病院緊急應變和災害醫學護理值得高雄深思。

參訪團此行也參訪壽和寮老人安養院，建築物為 3 層樓，分為 3 種型態設施，即養護老人院有 70 間單人房；失智症團體家屋（group home）

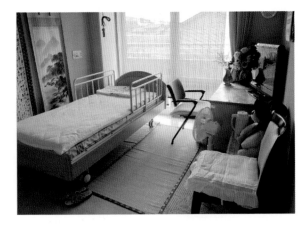

● 參訪養老院壽和寮

為 9 間單人房；高齡者公營住宅共 27 戶。

入住壽和寮養護老人院條件為 65 歲以上老人，經濟及環境因素在家養護有困難者，目前已收 67 名（男 29 名，女 38 名），最高齡者 104 歲，平均家民則為 83.3 歲，以生活尚能自立者為多。

日本公營住宅房租低廉，除了老人外，也允許年齡達 50 歲以上的單身者申請，壽和寮公營老人住宅可收 27 戶，對象則為健康高齡者，可以以家庭或個人申請，費用依照家庭經濟狀況及政府部分負擔而定，低收入戶則由政府全額負擔，由壽和寮職員提供各項服務。參訪當天也訪問一位長輩，該長輩是自己完全自費申請入住，因為孩子上班，住在這裡可以減少孩子的負擔，假日時孩子會來探望或回家住幾天，這樣的生活型態她非常滿意，平日家人可以放心工作，自己也不會是家人的負擔。

李素華表示，5 天裡參訪多家醫院，醫院的老人照護目標是為了老人能一直在習慣的地方持續生活，老人生病時在病院接受醫療診治後，依照老人的情形及意願轉至護理之家，或回家由醫院提供在宅醫療，讓長輩受到好的照護，也減低家庭照顧者負擔，老人醫療與居家療養

（居家養護、居家護理、居家復健、日托復健及短期入住養護等）的完整連結服務，讓日本老人醫療、照護體系得以完整建立並落實，非常值得我們學習，也深深感受日本老人在地安老的幸福。

● 參訪社團醫療法人財團慈泉會地域在宅醫療支援中心

大同醫院醫務秘書陳芳銘指出，此次參訪主要就日本介護保險制度內容、服務項目及內容參考，並且移植長、日照設施設備，複製日本經驗至福樂學堂，出訪時即被告知此一任務。陳芳銘並就其介護保險內容中，「發展轉移居家的看護延續性，出院支援制度的實施，使被保險人出院後，能獲得後續治療與照護服務，完整的長期照護體系提供連續性與綜合性服務」值得台灣醫療體系深思及參考，但必須從醫療法規的鬆綁下手，讓醫院可以設置相關長期照護各項設施，建構老人醫療、亞急性醫療及老人照顧的連結照護體系，似乎也不是一蹴可及。

● 大同醫院醫務秘書陳芳銘

　　黃仲平也讚嘆日本提供老人完備的照護系統，並表示，日本醫療實務機構經常有機會和政府部門聯席開會討論，共同發展出最完備的醫療照護方式，這在台灣是難以想像的，台灣公私部門各自為政，使得政策總是沒辦法做到最符合民眾的需求，日本公私部門緊密的結合值得台灣參考。

　　黃仲平說，日本高齡市場規模相當龐大，在參訪團參訪的過程中，就得知光一家送餐公司每天要配送的老人餐盒就高達數萬份，而日本健全的介護保險制度會讓很多私人團隊願意投入，台灣的老人照護政策雖然有很多是參考日本而擬訂，但因為公私部門連繫不緊密及保險制度的補助不夠完備，縱然有很多私人團隊及醫院願意投入相關照護也枉然。像台灣幾年前相關的老人照護機構設立很多，但現在已有約80% 撤走、關門，這與保險給付制度有關，台灣固然可以參考日本的模式，但也應該發展屬於台灣的老人照護政策，否則只是應付政策衝

量也是很可惜。

黃仲平認為，台灣的老人福利政策有很多都參考自日本，但台灣並沒有像日本具有完備的配套措施，以照顧的人力來說，日本一開始也多是中年人投入照顧服務老年人市場，但日本政府有目的性增加照護人員的薪水，提高他們的聲望與社會地位，增設專門的學校及科系，吸引愈來愈多的年輕人願意加入，台灣目前並沒有專門培訓照服員等相關人員的學校，有意從事照服員者可以到相關機構上課，達到一定時數考試通過後，衛生局及社會局都可發予證照。然而因為薪資低、社會地位不高，以致於光靠理想支撐，在燃燒殆盡之後就離開了，目前領有合格證照者投入相關照護機構者根本不及 1/3，相當可惜。

此外，就黃仲平的觀察，日本傳媒在宣傳老人照護相關政策上幾乎是舖天蓋地式的，即使是一般的綜藝節目，在搞笑中都還認真的談

● 參訪老年人住宅「結 YuI」

論老人照顧議題，搞笑藝人會收起搞笑橋段談論自己年老父母照顧的問題，節目中也請專家來評論，非常具有深度，也讓人驚訝。日本利用傳媒來宣導老人照護問題，形成社會關注的議題，也讓更多不論是老年人或是年輕人都能重視這項議題，台灣也應該思考如何利用傳媒的力量來宣導相關的社會議題。

成功典範　永續經營

　　由大同醫院在大同國小設立的大同福樂學堂，是全台灣首家因為少子化造成校園閒置空間再活化與日益增加的高齡化銀髮照護議題結合的成功案例，也是公私部門全力合作促成的成功典範，如今也成為台灣其他縣市及國外相關團體爭相參訪的單位，大同醫院院長吳文正希望大同福樂學堂的成功案例可以讓台灣更多醫療及社政單位投入設立高齡照護的日、長照中心，讓台灣成為對高齡族群友善的國家。

　　大同福樂學堂一開始籌設曾因為遭遇來自大同國小校方的阻力而遲遲無法解決，讓承辦的大同醫院社區健康發展中心主任黃仲平一度想放棄，但吳文正認為這是非常好的合作案件，成功之後不但可以為日照中心設立模式開啟新的方向，照顧更多老人家，也可以成為衛生、社政及教育結合的標竿，更何況高雄市政府全力的支持，再辛苦、花再多時間溝通，都應該使命必達。

　　少子化讓大同國小從一所擁有近 6、7 千多名學生的大學校變成目前僅近 300 名的小學校；高齡化社會的來臨讓高雄市將面臨人口老化帶來的老人照護問題，所以吳文正認為在大同國小設立日照中心可說是時機到了，然而籌備初始的法規限制和與學校間的衝突都是始料未及，幸而高雄市政府願意全力協助解決，才促成大同福樂學堂順利成立。

　　因為史無前例，所以法規限制仍然不符時代變化，吳文正建議，政府法規應該要鬆綁才能吸引更多有心的單位投入，同時公部門也應該要橫向跨局處的協調、相互支援，減少溝通時間。在歷經大同福樂學堂的過程後，高醫體系接下來即將在 2017 年年底完工的民族國中日照中心就大大縮減籌設時間，未來沿用大同福樂學堂的模式，可以讓更多的校園閒置空間，甚至非校園的社區閒置空間都可以設立日、長照中心。

　　吳文正在擔任小港醫院院長任內也曾到日本參訪順天堂體系下的日、長照中心，順天堂體系在社區內的幼稚園、洗腎中心等鄰近地區設立日、長照中心，在日、長照中心裡的長輩都可以自由行動，環境相當乾淨，自然風的通風良好，沒有任何異味，從日托、兩管、三管到臨終照護都存有，且結合復健、物理治療等延緩老化，還能讓老人家有機能性，未來大同醫院要做的就是類似日本順天堂體系，在社區、校園內有系統的設立日、長照中心，讓日、長照中心就像是便利商店一樣的方便。

　　「大同福樂學堂現在就說成功也許還太早」，吳文正認為至少現在大同福樂學堂已為老人日、長照跨出一大步，讓大同福樂學堂這原創的概念可以複製到高雄市其他地區、全台灣各縣市，甚至同樣也面臨少子化及老齡化的世界各國參考。

　　劉景寬則認為，大同福樂學堂創新模式為台灣的老人照護創下利基，不僅有龐大高醫體系學術研究、臨床醫療作後盾，更利用校園閒置空間設立，也讓目前台灣各級政府眾多的閒置空間解套，建立老少共學、老青共學的模式，可以刺激失智、失能高齡長者，同時也讓小朋友或青少年學習與老人相處，能更了解並體貼老人，一區一日照最好都放在校園裡，因為這樣的環境無可取代，也是最好的模式。

　　啟動在大同國小設立日照中心的侯明鋒認為，大同福樂學堂是公共財做最好利用及發展的案例，但台灣現行法規有太多的約束會讓有心投入日、長照中心的醫院怯步，「法規鬆綁」在這次大同福樂學堂成立之後是勢必要檢討，而法規鬆綁有助於醫院的投入，一般日照中心最缺乏是相關專業的人力。以大同福樂學堂來說，因為是大同醫院是市府委託高醫經營，部分人力支援問題就可以由高醫大的學生投入實習來解決，在高醫大老師們的帶領下讓學生能投入相關場域實習，增加實作經驗，也能解決人力短缺問題。

　　歷經大同福樂學堂籌設過程的衝突，讓侯明鋒體認到醫學的常識

應該要從小學習起，大同國小校方及家長因為對相關的醫學認知不足而衝突不斷，也因此侯明鋒到小港醫院就職後，同樣採取敦親睦鄰的方式，推動健康校園，讓醫院醫護人員協助小港區內學校學生健康照護，像是協助鳳林國小跆拳道小選手進行運動照護及復健，同時也向區內所有學校承諾，只要有醫療上的需求，小港醫院都可以請專人進駐校園協助。

媽媽目前是大同福樂學堂學員的小兒科醫師范雅修也觀察到台灣人對於醫療常識的缺乏，並和侯明鋒一樣認為醫療常識要從小學習起，於是主動向高雄市幾所小學表達願意義務到學校推廣、授課的意願，然而接洽的學校意願並不高，要努力的空間仍然很大，也要更多有心的醫療單位投入。

大同福樂學堂 2016 年 8 月成立至今都是呈現滿額及候補一長列的狀態，侯明鋒認為大同福樂學堂仍有很大的發展空間，也希望大同福樂學堂做什麼事情都一定讓大家知道，如此才能推廣，傳染力也才大，社會普遍都產生認同的氛圍，未來才能愈做愈好。

負責大同福樂學堂協助籌設協調與推動任務的大同醫院院長室高級專員陳益良則認為，台灣醫療照護體系在緊急救治的醫療前端做得非常好，但卻欠缺也相當需

● 大同醫院高專陳益良

要的急性後期及後端安養部分，大同福樂學堂可以在這部分盡一份努力，補足這缺口之一環。他回憶如果當年患有輕微失智症的媽媽也能有類似的日照中心可以日托、照顧，那麼在外上班的他就不用每天提心吊膽媽媽在家是不是會發生什麼事，希望大同福樂學堂能成為典範推展到各地，讓有需求的老人獲得最好的托顧，讓家屬能安心的工作。

大同福樂學堂可說是高雄市政府傾全力支持、做後盾解決相關法規問題所完成的日照中心，吳宏謀是與大同醫院團隊前往日本長野縣參訪的市府最高層級官員，日本行讓吳宏謀印象深刻，也認為日本現階段的老人照護日、長照中心，有成功設立在已廢校的校園內，或是與幼稚園比鄰為居，卻仍沒有成功設置在現行仍有學生的校園內。日本比台灣提早投入老人照護 20 年，都沒有成功的案例，高雄市若能成功設立大同福樂學堂將為老人照護建立下一項可行的典範。

大同國小位在高雄市市中心，地理位置非常好，交通也便利，同時又有大同醫院當鄰居，讓吳宏謀認為在大同國小設立日照中心再適合不過，溝通協調過程的確有些漫長，**然而學校不應該將自己墨守在小學教育的本質內，應該以更開放的心胸來包容老學生，讓學校教育發揮更多的社會功能**，如此也不怕少子化情況下沒有學生來源。

其實，在吳宏謀心中還對大同福樂學堂有著更深一層的想法，希望大同福樂學堂在站穩腳步後，能如同歐洲國家現行的老人福利制度，提供給經濟狀況不是那麼寬裕的年輕人免費住宿，換取年輕人擔任志工服務，可以服務日照中心的老人家，也能擔任大同國小學生的家教老師，這樣混齡相處的模式是一組相當完美的結合。不過，吳宏謀也清楚，現階段要在大同福樂學堂裡提供年輕人住宿會面臨法規、建築物使用目的變更及校園安全等問題，希望未來在逐漸完備的規範中能提早實現這世代融合的理想。

可說是促成大同福樂學堂最大功臣的蔡柏英，是用完全疼惜及肯定的態度來看待大同福樂學堂的成立，蔡柏英一路從區長到市府副秘

書長，對於高雄市在地的需求是最清楚的，在大同醫院提出大同福樂學堂的概念後，她的想法就是一定要做成功。

大同福樂學堂是日、長照跟世代教育的標竿，蔡柏英認為大同國小非常有福氣，不僅有大同醫院當鄰居，大同醫院還願意全權投資經費來活化閒置的教室。同時，大同醫院每年支付的上百萬元租金也作為學校發展基金，校方也獲得大同醫院在各方面活動經費上的補助，對於經費相當缺乏的學校來說是一大幫助。

蔡柏英認為學校非常適合設立日、長照中心，老人家需要陽光、需要到戶外走動，也需要聽到孩子的吵鬧聲，有良好的環境和關心他們的人們，比起藥物要好上幾百倍，在地老化可以讓老人家延緩失能的時間，減少晚年臥床的時間，在健康促進上相當重要。

● 2016 亞洲樂齡展上主打介紹大同福樂學堂

● 立法院社會福利及衛環委員參訪指導

　　高雄市長陳菊非常重視老人照護，讓高雄市很多老人照護相關政策都走在其他縣市之前，包括大同福樂學堂也是邁全國之先，唯一也第一個在校園閒置空間設立的日照中心。蔡柏英說，大同福樂學堂的成功不但提供中央一個參考模式，也已經讓不少醫院動起來，接下來有更多的醫院跟進提出在校園及其他社區閒置空間設立日、長照中心計畫，將為高雄市長輩提供更好的晚年照護環境。

　　大同福樂學堂設立的啟動者之一何啟功表示，在長照 2.0 上路後，中央鼓勵廣設日、長照中心，也希望多元方式成立日、長照中心，大同福樂學堂設立過程所遇到的問題及障礙，高雄市政府及大同醫院齊力解決及整合，所有的問題一次解決，也讓地方及中央重新檢討相關法規，讓大同福樂學堂的困難當作是通案，對中央來說，不論是社政或衛政現在都認同醫院可以申請成立日、長照中心。

　　大同福樂學堂是一非常成功的案例，何啟功也希望複製大同福樂

學堂的成功模式，讓學校的閒置教室能朝向日照中心目標設立，同時也能設立幼托中心，讓校園成為小孩及長輩的友善環境，早上、下午讓阿公、阿嬤帶著孫子女走路上、下學，讓年輕人能放心工作，也能減輕年輕人的生活及照顧上的負擔，營造美好的生活環境，達到讓長輩能安心在地老化的國家長期照護政策目標。

高雄市政府衛生局長黃志中則強調，**讓閒置空間活化再利用是高雄市政府的既定政策**，高雄市有許多地點及環境相當適合的閒置空間，可以複製大同福樂學堂的模式，發揮更大的功能，服務更多民眾，台灣社會總是歧視老化，以化妝品不斷強調防止老化就能看出端倪，而大同福樂學堂成功的原因在於對人們的老化正向思考，希望透過大同福樂學堂的經驗改變人們對老人照顧環境充滿尿騷味、陰暗、無助及絕望的刻板印象，類似大同福樂學堂日照中心一定要廣設，甚至可以結合教育局、學校開發相關的老人照護設備或工具，且不只在學校裡，許多大樓都有閒置的交誼廳，也可以設立簡易的日照中心，讓居住在

● 高雄市政府衛生局局長黃志中

● 高雄市議會社政委員參訪

大樓裡的長輩下樓就可以得到專業的照護，鄰近大樓的長輩們也能走路就到日照中心，鼓勵廣設的方式很多，能發展的空間也很大。

因為少子化的影響，高雄市每年以平均 254 間閒置教室的速度增加，高雄市政府教育局每年清查並結合社會資源活化校園閒置空間，從 2013 年到 2016 年成功活化利用的有 49 間學校，包括 7 全棟、238 間教室、7 處校園空間，活化作為樂齡中心、公幼托育、銀髮照護、藝文展演及社會企業等等，然而大同福樂學堂是首間在校園閒置空間設立的日照中心。

范巽綠相當肯定大同福樂學堂，並表示，**將校園空間有效盤整、釋出，將能解決社會新興議題可能帶來的問題，成就社會資源有效的利用，不僅可以節省更多的成本，也能有效利用空間，帶來更多的社會效益**，大同福樂學堂是成功的校園閒置空間活化再利用的案例，

也是市府成功跨局處輔導民間促參案，更是教育局及學校首次獲得「鼓勵地方政府辦理企進民間參與公共建設案例獎勵金」，共新台幣312,500 元的重要案例，所獲得的獎金全額作為學校教育發展使用。此外，教育局也以「共享校園——翻轉校園空間」於今年榮獲行政院第九屆政府服務品質「服務規劃機關」類獎，為全國政府機關推動為民服務工作最高殊榮。

大同福樂學堂的成功讓後繼的學校在籌設過程減少很多溝通協調過程，范巽綠在大同福樂學堂成立後，只要是在高雄市各級校長會議都會說明大同福樂學堂成立的概念，以及成立之後的種種益處，現在高雄市各級學校校長對於利用閒置空間成立日照中心已經非常具備概念，也因此後續校園內閒置空間將成立日照中心的民族國中花不到半年時間便協調完成，預計 2017 年年底完工，面積比大同福樂學堂來得大上許多；另外，由衛生局主導在鼓岩國小成立護理之家更只開過 1次會就達到共識，速度之快讓也曾參與大同福樂學堂籌設的衛生局長照科科長李素華相當驚訝，也認為這是大同福樂學堂所帶來正面效益。

到任當月大同福樂學堂也同月成立的大同國小校長林鶴貞並沒有歷經校方與大同醫院衝突的過程，但到任之前也已被告知銜有與大同福樂學堂融合共處的任務，經過近 1 年的相處，林鶴貞認為日照中心在校園裡面可以提供師生不同學習價值的機會，同時原本閒置的大同樓空間對學校來說無力管理、也缺乏經費維修，大同福樂學堂的進駐同時解決這兩項問題。

此外，對各種活動經費都相對欠缺的學校來說，大同醫院友善的對大同國小各項活動提供經費補助，實質支持校務發展，讓林鶴貞在推動各項活動時不至捉襟見肘，林鶴貞希望大同國小與大同醫院是魚幫水、水幫魚的互惠共榮方式，彼此作為強而有力的後盾。

高雄市政府社會局局長姚雨靜直率的說，大同福樂學堂是市府全體上下都希望能夠成功設置的案例，也是社政、衛政與教育部門緊密

● 高雄市政府社會局局長姚雨靜

結合的典範，在籌設辦理的過程中，無論是法規難題還是實際遇到的困境，靠各方努力方能突破，成為全國首座使用現有國小校園設置日照中心，達到「老少共學」的成功案例，也希望以此模式提供高雄市其他區域有閒置空間的學校作為範例，遵循大同福樂學堂設置步驟，減少遭遇法規困境的阻力，提升佈建效率，甚至能夠作為全國各縣市運用學校閒置空間佈建社區式照顧服務的典範。

● 以色列衛生部助理總司長 Dr. Itamar Grotto（後排左七）及副總司長 Ms. Einav Shimron（後排左八）參訪

以色列衛生部助理總司長 Dr. Itamar Grotto 及副總司長 Ms. Einav Shimron 特別至大同福樂學堂參訪，Grotto 表示以色列同樣也面臨人口老化的議題，但較少有在家安老的機構，對於福樂學堂的設計理念備感認同，此外針對與大同國小老幼共學的課程規劃亦感到有趣，認為老幼共學能使學童學習與長輩相處的經驗，也珍惜和長輩相聚的機會，可將此概念回國分享。

　　此外，日本佐久市政府委託株式會社 KOEI 綜合研究所，進行佐久市健康長壽計畫推進事業國外調查計畫亦曾拜訪大同福樂學堂，委託專員來訪了解高雄市日間照護機構的現狀、案例及引用佐久市之業務項目。代表佐久市政府委託機構回訪的安部真也主任説，各國前往佐久參訪日照的團體相當多，佐久市政府特別想了解各國選擇佐久市為考察地點的理由、目的及內容，並且對於佐久地域計畫的特色為實際引用且對於日本見習行程改善的部分，大同福樂學堂是他於台灣所見過最像日本日照的機構之一。

● 日本株式會社 KOEI 綜合研究所安部真也主任（右五）代表佐久市政府調查回訪

● 日本熊本縣大津町教育長齊藤公拓（左六）一行貴賓參訪

　　大同福樂學堂成功設立過程最感慨萬千者，當屬整個計畫的執行人黃仲平，以往在推展社區健康照護時總面臨借不到場地的窘境，在高醫團隊進駐大同醫院後就有想要有固定地點可以作為老人照護中心的概念，而20年前台灣就有人提出結合校園閒置空間作老人日照中心，但20年來卻都沒有成功過，直到大同福樂學堂籌設他才深刻體會到為什麼這20年來沒人成功，當初他硬著頭皮做，每天被罵讓他從憤怒、難過到最後已視為平常，原因無他，就是希望在前院長侯明鋒及現任院長吳文正的全權授權下，能完成大同福樂學堂。

　　不同於一般機構式的日照中心，大同福樂學堂的長輩們白天在學堂裡可以聽到學生的嬉鬧聲、聞到花草香、看到松鼠、鳥兒等動物欣欣向榮的景象，可以帶給長輩們生命力，專業照服員的照顧下可以安心在學堂裡上課、活動，黃仲平希望長輩們來到大同福樂學堂是很規律且自由的，心情好時可以到課堂裡上課，心情不好也可以在照服員

的陪伴下發呆、散步，學堂裡充分給長輩們安全感，也能延緩長輩們的老化，是非常好的照護環境。

大同福樂學堂溝通協調過程近 2 年，施工到完工 2 個月，過程雖然辛苦，但成功的經驗成為國內外相關團體取經觀摩的對象，有外縣市私立學校在參訪大同學堂後，竟希望黃仲平可以陪同前往該縣市政府說明分享；以往要找健康推展總是租借不到場地的窘境，如今也變成社區里長、區公所人員主動找上門，希望協助規劃閒置空間作為老人活動及上課等照護據點，不再是由上往下交辦而是由下往上主動提出需求種種的正向變化，讓黃仲平覺得過去 2 年的辛苦有代價。

黃仲平永遠記得在大同福樂學堂開始運作後不久，有一天接到一位學堂長輩女兒的電話，劈頭就問，你們對我媽媽做了什麼？嚇得黃仲平以為出了什麼事正想道歉時，對方哽咽說，媽媽昨天自己炊熱包子，在媽媽得了失智症之後，本來擅長的廚藝早就忘光，連開瓦斯爐

● 高雄市政府長照推動委員會委員參訪

都不會，以往她每天會買包子在家讓媽媽肚子餓時可以吃，也都叮嚀媽媽記得用電鍋炊熱吃，然而媽媽總是會忘記，也只能吃冷包子，但來到大同福樂學堂不到 2 週，媽媽昨天竟然自己炊熱包子，她不信還趕回家看，看到媽媽在吃熱騰騰的包子，還說熱的比較好吃，讓她好感動，彷彿看到以前的媽媽回來了，黃仲平感受到對方那份激動的心情，也說，我們要做的不就是這樣嗎？

大同福樂學堂 大事年表

2014

12月
- 日照中心發想

2015

7月
- 日本長期照護促進參訪出團
- 各局處溝通協調

2016

4月
- 整合水電、消防、法令，辦理變更使用及室內裝修事宜
- 繪製變更使用、送審、施工、裝修、水電、消防等

5月
- 變更使用、室內裝修申請掛號審照
- 水電、消防審圖／都計提審
- 通過消防局消防檢查

8月

- 取得室內審查合格證明
- 取得變更使用執照
- 取得日照營運許可證明
- 高醫體系劉景寬校長等首長視察
- 市府團隊社會局姚雨靜局長視察指導
- 福樂學堂開幕——高雄市長陳菊視察指導
- 小港醫院護理部同仁參訪
- 高雄市政府長照推動委員會委員蒞臨指導
- 綠建築評鑑委員蒞臨指導

▶▶▶▶ **2016** ▶▶▶▶▶▶▶▶▶▶▶▶▶ **2016** ▶▶▶▶▶▶▶▶▶▶▶▶▶▶

7月

- 硬體整建開始
- 提送社會局營運計畫書／財務計畫書
- 辦理使照變更使用、工程完竣報告
- 第一消防大隊函文通過消防檢查

11月

- 高雄市議會社政委員俄鄧‧殷艾議員等一行蒞臨指導
- 日本高齡福祉設施今村貴保董事等一行蒞臨參訪
- 逢甲大學建築系師生參訪
- 高雄榮總院長劉俊鵬等一行貴賓參訪
- 高雄市新興區區長薛米惠一行貴賓參訪
- 日本松本諏訪市一行貴賓參訪

10月

- 立法院社會福利及衛環委員會吳玉琴委員等一行蒞臨指導

2016 ► ► ► 2016 ► ► ► 2016 ► ► ►

9月

- 日本長野縣貴賓蒞臨參訪
- 新光集團貴賓蒞臨參訪
- 日本山形縣西川保健老人福祉設施貴賓蒞臨參訪
- 高醫體系醫療品質室同仁參訪

1月

- 福樂學堂・大同國小老幼共學——新春發紅包

2月

- 日本熊本縣大津町教育長齊藤公拓等一行貴賓參訪
- 福樂學堂・大同國小老幼共學——古早味Bo出新滋味
- 守鬮座談會

2016 ▶▶▶▶▶▶ **2017** ▶▶▶▶▶▶ **2017** ▶▶▶▶

12月

- 中山大學公共事務研究所碩士班參訪
- 成功大學老年所碩士班參訪
- 美和科技大學碩士班參訪
- 成功大學建築所博士生參訪
- 高雄市政府教育局國中科暨民族、中庄國中校長參訪
- 日本佐久市政府健康長壽推進計畫事業調查業務調查員回訪
- 衛福部護理及健康照護司司長蔡淑鳳等一行蒞臨指導
- 北京市海淀區衛生系統全科醫療貴賓一行參訪
- 慈濟大學醫學院院長楊仁宏參訪
- 福樂學堂家民報佳音

4月
- 教育局申請政府服務品質獎實地審查──國發會委員蒞臨指導
- 長榮大學醫務管理學系學生參訪

5月
- 福樂學堂‧大同國小老幼共學──母親節獻花

2017　2017　2017　2017

3月
- 以色列衛生部助理總司長Dr. Itamar Grotto及副總司長Ms. Einav Shimron參訪
- 日本經濟產業省產業課長江崎禎英參訪
- 亞洲國際學院貴賓一行參訪
- 福樂學堂‧大同國小老幼共學──第一屆福樂盃老幼運動會

7月
- 福樂學堂‧大同國小老幼共學──大同國小資優班夏令營
- 福樂學堂‧大同醫院老幼共學──小小醫師體驗營

物理治療
學系

職能治療
學系

運動
醫學系

大同
福樂學堂

護理學系

醫社系

醫學系

新潮世代
共學共融

Smart Living　翻轉學習

大同福樂學堂日照中心在設計之初即計劃引進高雄醫學大學的資源，啟動福樂學堂計畫的前大同醫院院長侯明鋒就說，日照中心成立最需要人力，而高醫大學生就是最好的人力來源。因此，在福樂學堂動工後，即與高醫大產學營運處產學長何美泠密切開會，研究如何將高醫大學生的專業課程導入福樂學堂，讓福樂學堂成為醫院以外的實作、實習場域。如今高醫大職能治療學系、物理治療學系及運動醫學系學生都已進入福樂學堂，實際參與該日照中心長輩之日常課程設計與實際帶

● 高雄醫學大學產學長何美泠

課演練。何美泠計劃，未來護理系及醫學系等更多科系也將陸續投入。

高醫大能大膽地將這幾個學系原本的專業實習課程導入大同福樂學堂，主要是利用執行教育部「Smart Living」計畫的機會。該計畫宗旨是希望藉由媒合符合現今社會生態與生活科技需求之相關主題或場域，以使學生能在這些活生生的場域將學校端的教學更有效地驗證與實作，並藉由浸淫在這些場域中讓學生走出固有的教室或醫院等單一、傳統之實習場域，讓學校中所教的知識或技能發酵。何美泠表示，學生進入場域實習不僅可以將教學內容實際運用，同時也能啟發學生的

創新想法，也能增加學生未來創業的機會。像這樣可緊密結合社會需求、讓學校和學生在針對現場實習與教學內容進行相關檢討及改進的同時，也同時回應社會需求，對社會有所回饋，甚至吸引學生在畢業後進入相關社區長照職場，可說是一舉數得。

已經投入大同福樂學堂見習的高醫大物理治療學系目前是由副教授廖麗君及助理教授蕭世芬帶著學生以每週 1 至 2 天的時間，到福樂學堂為學員進行功能性體適能的測試及帶領健康操的晨間課程；職能治療學系則是由助理教授蔡宜蓉帶著研究生楊詠晴進行研究，並針對學員進行個別的訪視後，設定一套生活自立課程；運動醫學系則是聘請業界教師在該日照中心帶領學生實際對福樂學堂的長輩進行健康促進訓練。

何美泠表示，高醫大未來預計投入更多專業領域，不只這 3 個科系，高醫大護理系、醫社系及醫學系等都是適合媒介至大同福樂學堂的單位，尤其是醫學系不應只將實習場域限定於醫院中，應該從一、二年級功課比較沒那麼重的學生開始，能夠從不同場域的實習或見習中去了解、體會家屬及病患的心理層面，並能夠站在對方的角度來看待及理解事情，這對將來他們成為醫生後對待病人的態度上會有很大的幫助。

何美泠認為，福樂學堂日照中心的長輩雖然都接受規律的醫療照護，但加入高醫大學的投入會更不一樣。課程如何讓失智長輩在逐漸退化的過程中，可以保有比較好的生活能力來維持高品質的生活、快樂的生活，是投入這些學系課程與人力的目的；這是醫院無法做到但在日照中心卻是可以達成的。讓年輕學生接近這些長輩，不但可以帶給失智長輩活潑的生活動力，而學生也得以跨世代的溝通與學習，能這樣進入不同的場域、接觸不同特質的人，進行多元學習，即使是新興人類，視野也會不同。

以類似的方式推行，將來也會考量引進社團的能量；如音樂性社

Smart Living 翻轉學習

團，可以演出，可以結合活動帶領，更可以為長輩設計音樂活動，應該可以增添更多趣味與加深現今日照中心課程的運用。

何美泠希望藉由老師與學生、學生同儕及學生和長者間的互動中，不以旁觀者的角度而是實際參與的作法，讓福樂學堂學生實習的內容更實質符合失智老人的需求。期待大同福樂學堂日照中心能成為一個很好的示範場域，在因應未來高齡化社會的需求上，給予台灣各縣市有參考的依據，讓台灣的社區老人照顧能更加完備。

此外，劉景寬也認為，大同福樂學堂成立後，高雄醫學大學執行的教育部智慧人才培育計畫也積極投入，讓日照中心走向智能化，利用師生投入研究的大數據更了解老人照護的結果，同時也研發新的老人照護產品，讓照顧者及被照顧者都能夠利用最新的知識及產品得到最好的照護。

一日實習　受惠終身

物理治療學系實習

高雄醫學大學物理治療學系老師及學生在大同福樂學堂成立之初，即投入協助學堂學員的功能性體適能評估與設計以維持柔軟度、心肺耐力與功能性動作練習為主的健康操。在高醫大系所的簡介中指出，「物理治療師是動作的專家」，因此藉由對失智長輩動作評估，設計出針對大同福樂學堂長輩特性的運動，並結合學員日常生活中所倚重的功能性動作，如坐到站，以達到維持自主活動與行動能力的目的。

物理治療系由副教授廖麗君及助理教授蕭世芬帶領大三學生每2週1次到福樂學堂針對長輩動作進行高齡功能性體適能與肌力評估，並針對長輩較不足的能力給予照服員日常

● 物理治療學系廖麗君副教授（右1）與學生為長輩們評估

照顧及活動重點的建議。蕭世芬表示，以這些測試項目來看長輩們的動作表現，除了去發現長輩體能上的表現是否合乎同年齡、性別的健康長輩標準之外，物理治療師更會著重於在長輩有能力不足時，對於該長輩動作的問題原因進一步解析與後續訓練規劃或代償措施的運用，以及教導照服員如何讓這些能力有限的長輩避開危險。而相關檢測的

● 物理治療學系廖麗君副教授（中）與學生為長輩們進行評估

結果若可再由運動醫學系或老福系的學生執行額外的體能活動，更可多方面同時協助大同福樂學堂學員盡量維持正常日常生活的能力。因此在這樣的場域中實習，學生必須具備更主動的態度、細心的觀察。也因為在這裡的長輩有更多溝通、理解與注意力的問題，情緒也比較不易掌控，學生也需隨時預備好不同的方案以備突發狀況發生。這與一般在醫院的實習有相當大的不同。

另外，由於長輩們都年事已高，在設計健康操的內容時，物理治療師不但要考量每位長輩功能性體適能評估的表現與能力，也要考慮長輩的病史，像是高血壓、糖尿病、中風及失智的程度等，配合這些疾病的特性與注意事項來設計運動。蕭世芬強調，透過對老化與疾病的了解、功能性體適能評估結果，可以讓物理治療師在設計這些特殊族群長輩健康操或健康促進運動時，整合出合宜的動作組合、動作速度與重複次數，並將可訓練及維持的動作發掘出來。而在執行健康操

活動的當下，再藉由物理治療學系實習生的貼身引導與帶動，配合適當節拍，長輩們熟悉的背景音樂及照服員的輔助，以達到增加體能活動與健康促進的效果。

此外，當長輩在進行物理治療時，除了老師、實習學生外，照服員同樣也是協助復健的重要角色，不同於物理治療師的專業，照服員在相關動作的操作上比較生疏，也因此在長輩復健時防止照服員因為不熟悉而造成傷害，也是物理治療師進行運動設計及協助復健時所必須注意的。

在大同福樂學堂引進物理治療學系的實習課程，除了於日照中心現場執行長輩的評估與訓練，也希望讓大同福樂學堂的學員白天可以在學堂內安全的訓練及復健，回到家

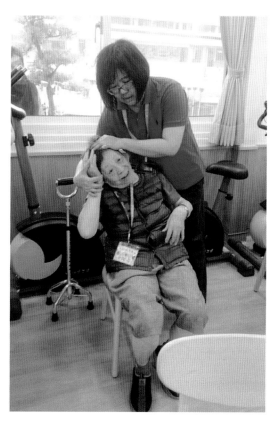

● 物理治療學系助理教授蕭世芬為長者進行評估

也能在家人的協助下延續學堂內的動作，讓學員們可以持續性的復健。參與實習的大四學生方勇傑表示，之前在醫院實習多是急症病人，因為病人與家屬均想要趕快出院，很多物理治療與復健必須立竿見影，所以會比較有壓力；但到大同福樂學堂可說相對輕鬆，因為沒有出院、轉院之時間壓力，可以更仔細的評估，規劃出更完整的復健計畫。因此對於將這樣的場所納入專業實習或見習，他覺得很合適。

廖麗君則認為，讓學生導入日照中心實習的經驗非常重要，以該系畢業生來說，進入醫院工作者佔多數，主要是因為社區型的日照或長照中心並沒有足夠經費聘請專職物理治療師駐點，也因此學生們對社區這部分的認識相對缺乏，但在未來老齡化社會來臨之際，社區服務將會成為學生的另一條工作出路。

每年畢業投入物理治療的學生近千位，然而在老人及失智老人領域的物理治療仍在開發中。高醫大物理治療學系師生們在投入一年之後，已經在大同福樂學堂裡發展出一套實際可行之社區失智、失能老人的物理治療模式，期望大同福樂學堂可以成為一個示範點，提供全台灣類似的日、長照中心參考。

● 物理治療學系學生引導與帶動長輩執行體適能

運動醫學系實習

運動已經被證實可藉由體適能的提升來促進身體健康，因而運動醫學在歐美國家已相當盛行，但台灣是近 10 年來才興起的科系，目前也只有高雄醫學大學及國立體育大學才有開設。高醫大運動醫學系導入學生在大同福樂學堂實習是由業界老師協助，運醫系主任郭藍遠表示，希望藉由專業業師帶領學生進行學堂學員的運動健康促進課程，

可以作為日照中心未來經營模式的參考。

運動醫學所設定的族群相當多元，除了一般健康的民眾以外，在高醫大運動醫學系的特殊族群課程中，也有針對銀髮族、孕婦與小孩等族群的課程，其中銀髮族是未來一個相當龐大的市場，學生也漸漸注意到銀髮族的趨勢，以往該系開放銀髮族實習單位，通常都必須先讓學生到現場觀察長者情況後，再回學校討論，並向學生曉以大義、多做說明，他們才會選擇前往實習。但現在學生多能了解未來趨勢所在，選擇前往銀髮族相關

● 運動醫學系主任郭藍遠

單位實習的學生已經愈來愈多，大同福樂學堂日照中心則是該系最新的實習場域。

銀髮族的體適能規劃著重於慢性疾病帶來的變化，多數罹患慢性疾病的長輩都有肌少症，隨著年齡增加及愈來愈不運動導致肌肉減少，倘若再不給予體適能訓練，慢慢會因為經常跌倒、站不起來，最後臥床不起。台灣的老人從罹病到死亡平均臥床達 7 年，太長的臥床時間對於生活品質也不好，藉由體適能訓練，減少臥床年數是重要的課題。

由於學校教職員能專門帶領學生實習的人力不夠，高醫大運動醫學系以結合業師的方式來帶領學生實習。郭藍遠說，業師通常來自健

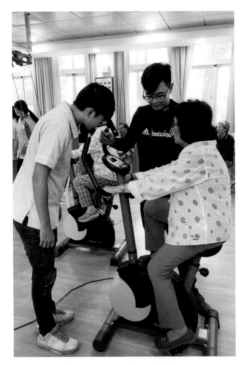

● 運動醫學系學生協助帶領長輩進行健康
促進運動

身房或個人工作室，現場執行經驗豐富，觀察也銳利，由他們帶著學生實習，讓學生從中了解現場狀況，並培養學生的臨場反應，在大同福樂學堂的實習模式也是如此。

體適能訓練通常是團體的活動，在大同福樂學堂每週2堂的課程裡，雖然所有學員運動的項目都是一樣，但針對學員的身體狀況及罹病程度的不同，運動組數、力量呈現及跨越的弧度都有所不同，學生們在協助學員的過程中，會針對不同的學員給予不同的協助及鼓勵。有學員的力量不足以達到要求，可能是因為心情不佳或是偷懶而不願動作做足組數，學生就必須要半哄半鼓勵讓長輩們完成，這對年輕學生來說是一項頗大的挑戰，也因此，在每次的課程中，業師會協助學生記錄每位學員的狀況，並在每個月課後進行討論，讓每一次的體適能課程都可以看到學員們的進步。

在大同福樂學堂實習的學生臧浩和周文豪都是自己選擇到此實習，臧浩很明白的說，銀髮族未來的市場很大，他已幾乎確定畢業後將走向銀髮族體適能區塊，並不排除自己開工作室，在銀髮族的體適能訓練必須考量他們的慢性病、易跌倒、血壓上升等問題，在體適能的訓練上就要特別注意，像是舉手過肩及易憋氣的動作會造成血壓上升等，現場實習可以讓他們更清楚陪同長輩運動的狀況，在預防重於治療的概念上，如果能夠推廣銀髮族即早進行體適能運動，那麼未來花費在

醫療銀髮族的經費上將可減少。

　　方勇傑則說，在學校上課和現場實際執行有很大的不同。記得他第一次挑大樑教大同福樂學堂長輩們健康操動作時，長輩們根本沒有反應，或是運動做個一、二次就坐下不動，讓他好灰心。後來他學著跟長輩們建立關係，帶動長輩們運動才漸入佳境。

　　不過，出生在不講台語家庭的臧浩和原住民方勇傑，在大同福樂學堂遇到最大的難題來自於沒辦法講一口流利的台語，當臧浩提到語言溝通問題時，方勇傑也是一陣哀嚎，因為台語都不是兩人的母語，克服這個問題只有邊做邊學，目前大概聽懂 7 成以上，但講出來的仍然很彆扭，加強台語口語成為他們實習後迫切需要的學習。

● 運動醫學系學生帶領分組體能訓練

　　郭藍遠肯定學生在大同福樂學堂的實習效果，並表示，大同福樂學堂結合國小校園的環境，提供老少共學的機會，對於失智長輩延緩惡化有很大的幫助，以臧浩今年 3 月協助訓練福樂學堂學員進行老少共融運動會來看，運動會是參考田徑協會的標準舉辦，並保留參加者的成績。在訓練長輩挑戰鐵人三項的過程中，不僅可以讓長輩因為想爭取得獎榮耀而願意更投入運動，與小朋友的共同運動也更能激發長者求勝心，這是另一種運動復健，有效也有趣。

● 運動醫學系學生協助帶領長輩進行健康促進運動

　　郭藍遠認為，銀髮族的體適能訓練未來是個大市場，目前據他所知，全台只有該校一名畢業生在台北開設專門針對銀髮族體適能的工作室，其他多是健身房或個人工作室經營的其中一項，也因此，在利用業師制度配合運動醫學專業於日間照護機構進行場域實習，提供日照中心對於場域經營、人才訓練及失智長者族群運動健康促進課程等參考。

職能治療學系實習

　　高雄醫學大學職能治療學系投入大同福樂學堂日照中心是由助理教授蔡宜蓉帶領研究生楊詠晴以論文研究模式進入，針對大同福樂學堂學員們進行一對一的訪視、評估、測量，為學員們的生活型態再造，設計出一套學堂及家裡用的訓練，評量是否能讓他們的生活功能得以重建。

蔡宜蓉表示，職能治療運用在失智老人的治療上是以恢復老人往日生活技能為主要目標，長輩即使是失能、失智仍然是一個普通人，每個失智的人仍有他自己想要的生活方式，但台灣的家庭普遍對失智老人的照顧總是擔心危險而過度保護，在沒有持續刺激下，失智老人漸漸失去原本的生活能力，這其實是不樂見的，職能治療針對老人喪失或比較弱化的生活技能，以輔具或課程協助恢復失智老人原本想要擁有的生活型態。

● 職能治療學系助理教授蔡宜蓉

楊詠晴是高醫大職能治療學系畢業的學生，畢業後在花蓮慈濟醫院的日照病房擔任職能治療師，在一次因緣際會中被派到社區協助推廣失智老人照顧，引發她對失智領域的興趣。她覺得老人很可愛，失智的老人像小孩，或是覺得自己像小孩，比較單純不會計較，因此回到高醫大唸職能治療研究所，並以大同福樂學堂日照中心當作論文研究對象，執行實習計劃。

大同福樂學堂目前有 30 位學員，失智者佔 80% 以上，楊詠晴利用近 2 個月的時間針對學員們進行個別評估及訪視，從以往病史到現在的失智、失能情況進行全面性了解，依照失智、失能狀況的不同，約有 15 位學員可以進行職能治療，以每週 2 小時團體治療方式進行職能治療主題，包括「職能是什麼？職能與健康」、「健康長壽的要件──各類活動效益」、「社區活動──交通」、「生活的安排──時間」、

「壓力和情緒調適」、「怎麼吃的營養又健康」、「人際互動——溝通關係」、「居家和社區安全」、「健康照護——醫療資源」、「好好照顧自己——生死」、「第三人生——新領域」、「回顧——個人積極參與計畫」等 12 項治療主題。

12 項主題將各進行 2 至 4 次，不僅在學堂內進行職能重建及治療，每次上課之後也都交付功課讓學員回家完成，將治療及復健延伸至家裡，也能在家人的協助下持續復健，像是吃東西、睡眠等等，楊詠晴甚至計劃在主題執行過程中將帶學員出外逛街、搭捷運、高雄雙層觀光巴士等，利用這種與社區連結，並持續與社會互動的過程中，能重拾福樂學堂學員的自信心，朝向正常生活的目標邁進，這樣的「出走」工程很浩大，當然希望家屬能夠陪伴協助完成。

楊詠晴認為，在失智老人的職能治療中，並不是只有職能治療師告訴失智老人該怎麼做，也需要他們告訴職能治療師想要什麼，協助長者能夠恢復他們想要的生活，並能夠自理生活是職能治療最大的目標。

高醫大職能治療學系目前導入大同福樂學堂日照中心雖先以楊詠晴研究論文為開始，但未來也將視情況讓大學部學生進入實習，蔡宜蓉表示，楊詠晴研究計畫成功的話，將讓職能治療師的治療再增加一個新的領域，也能營造失智老人更好的復健環境。

日照光和
生命樂活

健康老化　世代共融

　　大同福樂學堂日照中心可收置失智、失能長輩 30 人，在 2016 年 8 月成立之後，名額一直都是處於額滿狀態，列於後補名單也有 10 多位長輩，讓長輩不離開熟悉的社區環境，且透過專業照顧及課程安排，讓失智、失能長輩也能快樂生活的目的，顯然已獲得不少高雄市民的肯定。

　　大同福樂學堂收置的長輩以設籍或居住在高雄市 65 歲以上長者，具基本行動能力，無法定傳染病，且經高雄市長期照顧管理中心及大同福樂學堂評估，符合失智及失能標準者，可申請政府補助；如果評估不符合長照中心標準，但大同福樂學堂評估後確實有照顧需求者，則需全額自費參加。目前全日托收費標準為：輕度失智、失能者每月

● 老幼共融運動會：點燃聖火

● 老幼共融運動會：大會操

收費 13,000 元；中度失智、失能者每月收費 15,000 元；重度失智、失能者每月收費 17,000 元。每日膳食費為 100 元（中餐、點心），有需要接送服務者，依距離收費每月 2,500 至 4,000 元不等。

　　經過評估符合資格的失智、失能長輩可以先到大同福樂學堂試讀 3 天，能夠適應也喜歡大同福樂學堂的長輩可以直接進入中心日托，經過試讀有高達 95% 以上的長輩都會留下來，同時每天也都有人不斷地詢問入讀中心的可能性。

　　大同福樂學堂每天在早上 8 點半後就陸續有學員到校，課程的安排相當輕鬆，上午及下午各安排一堂 1 小時的課程。謝文蒨表示，大同福樂學堂設置課程委員會，由高醫大相關學系教授與大同醫院相關部門醫師或專業人員組成，針對失智、失能長輩的疾病特性，從生活品質及憂鬱量表予以編排課程，課程內容以運動、音樂與懷舊為主，主要是讓長輩們能夠輕鬆且快樂的上課，同時又兼具復健功能。

● 園藝課程

● 老幼共學：懷舊彈珠檯

大同福樂學堂的課程像一般學校一樣也有固定課程表，各類課程安排每週2次，而每天固定會有體適能、健康操，則由現場照服員及高雄醫學大學運醫系學生帶動，主要是讓長輩藉由運動開啟一天的活動，其他依每天行程安排有桌遊、懷舊治療、太極拳、繪畫、書法、老人社會學與音樂律動等。

謝文蒨指出，失智、失能長者的課程都以慢活為主，像是運動治療中的太極拳，是屬於東方的拳法，緩慢進行，且長輩們也都熟悉；懷舊的課程主要是喚起失智、失能長輩的回憶，像是請他們帶來家族照片，甚至是自己的照片，透過引導讓他們講述過往的生活，喚起他們對家人的記憶。

大同福樂學堂設立在大同國小裡面，設立之初的目標就是希望能夠達到老幼共學，目前老幼共學仍以活動出發，大同國小主要是以幼兒園的小朋友參與為主，已舉辦過小朋友新年拜年、懷舊古早味新滋

味活動、老幼共融運動會、老幼共同製作三明治、音樂會活動及母親節感恩活動等等，為106學年度老幼共學將進入大同國小課程綱領暖身。

新年拜年是首次的老幼共學活動，大同醫院院長吳文正認為運用年節氣氛，提供認知功能、現實導向的懷舊治療，協助長者處理認知和記憶力衰退問題的技巧，能讓大同福樂學堂中的輕度失智長輩重新學習周遭的事物，改善他們回應

● 老幼共學：打陀螺

● 老幼共學：古早味新滋味活動

● 新年拜年活動

● 老幼共學：新年拜年發紅包

和處理周遭環境的技巧，以增加他們的信心，讓他們更容易處理日常生活上的各種活動。

郭藍遠很肯定老幼共學，以老幼共融運動會來說，長輩們的好勝心激起他們對運動賽事的重視，也積極配合運醫系學生帶領的訓練，在運動會當天長輩們個個氣勢高昂，帶著小朋友一起闖關、競賽都很認真，增加復健效果。

吳宏謀甚至建議研議，可以讓失智狀況不是那麼嚴重的學員將人生的經歷授予小朋

友，讓大同福樂學堂的學員們也可以成為大同國小的師資之一，老人家豐富的人生經歷經由口述，可以帶領小朋友更了解阿公、阿嬤的年代，在世代的傳承上別具意義。

大同國小校長林鶴貞在 2016 年 8 月接任校長，同月大同福樂學堂就開幕，她表示，在接任之後就被賦予擬訂老幼共同課綱的重責大任，她也認同老幼共學的精神及價值，藉由老少共學活動，讓學校的老師們從活動中了解大同福樂學堂長輩們的情況，觀察老少互動的程度，進而擬訂新學年度的老幼共學課程。

林鶴貞指出，該校擬訂的「愛讓生命發光——老少共學特色發展計畫」中，老少學習共處一室是讓學校教育關注孩子成長及生活中所面臨的周遭人、事、物等生命課程，更希望共用教學場域與共學活動，孩子也能承接老人生命經驗，學習同理心，老人們也因能獲得陪伴，重溫上學時光，感染校園活力。

● 老幼共學：音樂分享

在 106 學年度大同國小的規畫中，一到六年級學生需全部加入老幼共學課綱，除了發展大同國小原先的科技教育外，也加入世代生命教育關懷，透過代間共學課程，強化老少共伴學習，讓學生關注老齡化社會現象，並運用養生樂活特色課程，打造健康社區示範場域。同時，活化校園閒置空間利用，結合共學課程來改善學習場域，不僅可以符合教學需求，也能更新校園景觀。

● 老幼共學：製作三明治

「日照光和·生命樂活」是大同國小老幼共學的課程特色，將分為低年級的「人性之光」。融入低年級的語文課程，一年級的「醫護大同——生命大密碼」，由繪本閱讀進行老少共學，讓一年級的小朋友能夠清楚說出大同福樂學堂日照中心設置的由來，並能了解家人世代間傳承的意義及關心長輩，也能與家中長輩互動並分享作品；二年級則是「醫護大同——話我大港埔」，清楚大港埔社區在地產業的變遷與興衰，從而了解社區中設立日照中心的緣由，並創作敬愛長輩童詩與長輩們分享。

中年級「產業之光」，融入自然課程。三年級為「養生大同——神農綠醫生」，了解自然生機飲食對人體健康的重要性，與大同福樂

● 體適能活動

● 手工藝課程

● 老幼共學：一起包水餃

● 釣魚活動

學堂長輩一起選擇與實地種植可以食用的植物，並與長輩們一起做菜分享；四年級「科技大同——奈米小雄兵」，將奈米科技術運用在植物觀察及藝術創作，察覺每日生活運用到的科學概念。

高年級則是「環境之光」。五年級融入自然課程的「綠能大同——綠色夢想家」，了解綠色能源及生活方式對環境的影響，運用回收廢材與綠能材料製作健康節能環保屋；六年級「樂活大同——福樂小記者」，學生將化身為小記者，採訪日照中心學員的生命故事，並製作微影片，傳遞對長輩的關懷，體驗老吾老的真義，也發揮孩子更多的想法。

106 學年度大同國小老幼共學課綱		
低年級——人性之光	一年級	醫護大同——生命大密碼
	二年級	醫護大同——話我大港埔
中年級——產業之光	三年級	養生大同——神農綠醫師
	四年級	科技大同——奈米小雄兵
高年級——環境之光	五年級	綠能大同——綠色夢想家
	六年級	樂活大同——福樂小記者

大同福樂學堂與大同國小老幼共學目標為一開始設立福樂學堂時，大同醫院與高雄市政府共同的期望，吳文正就說，大同國小小朋友們都有阿公、阿嬤，而大同福樂學堂的長輩們也都曾有童年時光，不同世代一起共同學習，是非常正向的發展，其效果也值得期待。

　　吳宏謀認為，讓老人與孩子互動學習是非常好的學習模式，老人家有相當豐富的人生經歷可以跟小朋友分享，小朋友會因此懂得尊敬老人，而小朋友的活力也可以感染老人家，讓老人家感受到強烈的生命力，參與老幼共學的小朋友將來一定都會很孝順。

　　蔡柏英表示，大同福樂學堂可說是日照中心與世代教育的標竿，不只是小孩子要融合，老人家也要融合。現在的校園不能阻隔在社會之外，讓孩子不只是課業上的學習，在生活層面上與老人共學，可以讓小朋友因為接觸老人，能更了解老人、接納老人，進而主動關懷老

● 乾燥花課程

人，對小朋友有幫助，更對家長是利多，因此推動老幼共學成為大同國小教學特色，可以讓大同國小走出屬於自己的路，學校也會因此愈來愈興旺，根本不需要擔心廢校的問題。

范巽綠也説，不論是小朋友與長輩一起製作三明治、一起唱歌，或一起舉辦運動會，都可以讓小朋友從中了解長輩因為年紀大可能帶來的反應、動作緩慢等老化現象，讓小朋友培養同理心，更能主動協助、扶持長輩，對小朋友來説是受用一輩子的學習。

何啟功則從醫學角度看待老幼共學，認為大同福樂學堂規劃在目前仍運作中的國小部分閒置教室中，可以透過互動課程的設計，國小學童與日照中心的長輩有各類不同程度的互動，學習了解彼此，讓小朋友可以更了解老人家，也讓長輩看到生命延續的希望，是另外一種生命倫理教育的推動模式。

除了老幼共學外，老幼共餐對蔡柏英來説是念茲在茲一定要做的，光是小朋友與長輩一起吃飯，協助長輩盛飯、聊天及收拾碗盤等，足以讓長輩感受到受人重視，也讓小朋友可以學習如何與長輩共食、體貼長輩，但目前因為大同福樂學堂裡的場域不夠大到足以容下近百名的學生和大同福樂學堂的學員們而仍無法執行。但對謝文蒨來説，老幼共餐也是重點之一，未來尋找到合適的場域將實現老幼共餐的目標。

美好一日　一起樂活

2017 年 4 月 26 日　星期三　天氣晴

　　早上 8 點多，大同國小學生已經在教室內自修，位於大同路側的後校門正熱鬧，大同福樂學堂日照中心的阿公、阿嬤們陸續上學，他們有的成群坐交通車、有的坐計程車、有的由孩子開車或騎車送過來、也有看護陪伴著，一進校門都是笑咪咪的互相打招呼。

　　拄著拐杖的鄭阿嬤由兒子陪著進校門，看到由看護陪伴的范阿嬤箭步如飛，鄭阿嬤兒子跟媽媽說，妳看范阿嬤腳力很好，不用拄拐仗也可以走得很好，接著大聲的跟范阿嬤說，「阿嬤腿骨

● 相攜至福樂學堂上學的長輩

很好喔！走的很快，都不用拐杖啊？」范阿嬤開心的回頭說，「那有啊？我兩個膝蓋都換了，沒用了啦！」雖然這麼說，但范阿嬤是滿臉笑意地回答，而且愈走愈快，一個箭步就跨進了臨時休息的辦公室裡。

　　辦公室裡早到的阿公、阿嬤們三三兩兩坐著聊天，每位進門的阿公、阿嬤第一件事就是互相道早，同學們有些還會記得昨天的出勤狀況。

聊天中有些入坐吃早餐，有些人談著今天的天氣，大同福樂學堂社工鍾燕惠說，不要看阿公、阿嬤們都是隨意坐坐，其實他們都有自己固定的位置、固定的聊天鄰居，倘若有同學不小心坐錯，都會被直接趕起來，從他們坐的位置中也可以看出比較熱心的阿公、阿嬤就會坐在情況相對嚴重的同學旁邊，看著同學吃早餐太慢、或是中途停頓，都會提醒趕快吃、趕快喝，只不過，有時候顧著提醒同學，自己也會忘了要趕快吃早餐。

當阿公、阿嬤們陸續抵達休息的辦公室後，除了社工和照服員外，學生志工們也會在休息室裡陪伴他們，看著無聊沒有參與聊天的阿嬤，志工便邀阿嬤一起猜拳，阿嬤起初推辭說「我不會啦！」但當志工舉手出拳，阿嬤也反射性的出拳，還很高興的說，「你看，我出剪刀剪你的布，我贏了。」驕傲的神情讓學生志工俯首稱敗，還讓阿嬤可以處罰他，打他手心，逗得原本面無表情的阿嬤呵呵大笑。

在阿公、阿嬤們休息輕鬆說笑時，平常照顧他們的照服員們在一旁翻報紙選擇新聞，原來 9 點一到，照服員們就要化身成為主播，用國台語雙聲帶為阿公、阿嬤們「播報今日新聞」，從社會、政治到運動新聞都有，過程中大家都是靜靜的聽，唸完半個小時的新聞後，阿公、阿嬤們隨即移動到隔壁的教室上課，今天上午是手工藝課，由於已近母親節，手工藝課安排製作康乃馨，花花綠綠的色紙讓阿公、阿嬤們好興奮，等不及老師講解就拿起來研究，好不容易在老師講解完如何製作後，便迫不及待的動手做，但做起來談何容易？只見這一邊

● 手工藝課：製作康乃馨

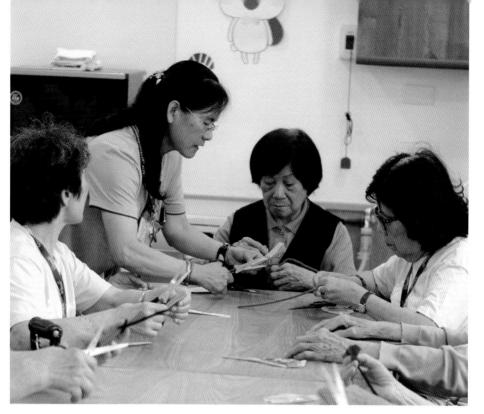

● 手工藝課：製作康乃馨

呼喊老師，色紙怎麼折？那邊叫著鐵絲怎麼包？陪同上課的照服員和實習學生來來往往走著趕到阿公、阿嬤們的身旁親切解説，拉著他們的手做，一節課下來，每人都做好2朵，開心的直說好好看，別在頭上、插在袋子上，還說回家要送媽媽。

在阿公、阿嬤們開心製作康乃馨時，鍾燕惠忙著打電話訂午餐，原來快樂的星期三是阿公、阿嬤吃各式外食的日子，今天選訂鍋貼，但為了一位吃全素連葷鍋煮出來都不可以吃的阿嬤傷透腦筋，打了好多通電話才搞定。上了一上午課程的阿公、阿嬤下課後看到鍋貼很是高興，頻頻問，「今天是吃水餃喔！」看著他們開心的表情，津津有味的吃著，鍾燕惠辛苦打電話一家家問也值得了。

吃完午餐稍微休息，便是阿公、阿嬤們的午休時間，除了備有床鋪的教室外，辦公室裡的長沙發也是搶手熱區，每個沙發熱區都有阿公、阿嬤們固定的位子，若有不長眼的先佔沙發睡覺，可是會被阿公、

阿嬤們連同棉被直接掀起趕人的。鍾燕惠笑說，每到午休時間她就要顧好沙發熱區，免得引發一場爭沙發風暴，很恐怖的。

● 阿公、阿嬤在照服員帶領下活動身體

雖然福樂學堂盡量讓每位阿公、阿嬤們都能午休，但也不是每個人都會睡午覺，70多歲高阿嬤就因為失智重症中的「遊走症」，會不自主的一直起身走路，有時候短暫的進教室上一下課，就會牽著照服員的手到外面一直走路，午休時也是如此，高阿嬤因為生病的關係不會累，即使讓她休息或是腳已走到紅腫，但她還是不會累，總是停不下來。照服員說，要讓高阿嬤在白天盡量抒發，否則晚上她會睡不著，晚上到處走更危險，而高阿嬤平常由80多歲的先生照顧，每天由先生親自接送，看著年紀已7、80歲的阿公、阿嬤相依為命，緊緊牽著手進出，照服員再累都願意在阿公白天休息時幫忙守護著阿嬤。

近2點，阿公、阿嬤們陸續起床，下午是動腦課，為了讓剛睡醒的阿公、阿嬤們們精神振奮，鍾燕惠先帶動腦操，手拍手、拉拉耳朵、搓搓臉和搓手在腰間呼呼，在鍾燕惠熱情的帶動下，阿公、阿嬤們都很高興的跟著做，也把瞌睡蟲都趕跑了。

做完醒腦操後，教室前方趕忙架起螢幕，鍾燕惠依照阿公、阿嬤們的失智程度先分一張由笑臉、電話、剪刀和書圖案組成的紙張，分為簡易版和較複雜版的動腦畫，先透過前面的螢幕將笑臉和電話圈畫出來，接著要阿公、阿嬤們依樣畫葫蘆，有要求完美的阿嬤一直叨唸著，「我怎麼都沒辦法圈得圓圓的，可不可以擦掉重畫」；有的一直仔細端詳笑臉到底是笑還是哭，反覆問著學生志工，志工趕快說都只有笑臉沒有哭，阿嬤才放心的一個個圈選。

● 動腦時間：圈圈樂

● 動腦時間：圈圈樂

經驗老到的阿公、阿嬤們都知道寫好作業要趕快舉手鍾燕惠知道，因為鍾燕惠會請已寫完作業的上台示範，只見迫不及待寫完作業的阿公、阿嬤一直舉手，有時候鍾燕惠沒看到他／她，還會想要站起來拿給鍾燕惠看，被請上台的阿公、阿嬤們個個興高采烈，只不過投影的螢幕一站上去就會被影子擋住，讓阿公、阿嬤們有點驚慌失措，拼命想要揮開影子，鍾燕惠只好一直移動他們的身體，讓圖像呈現出來，而上台的阿公、阿嬤們也都能確實地圈出笑臉和電話，鍾燕惠一句句好棒、好厲害，都能讓他們笑開懷。

結束了圖像的圈選後，鍾燕惠馬上再發一張圈選數字的紙張，同樣也是依照程度分發簡易版和較複雜版，複雜版圈選一組 4 個數字，簡單版則是圈選一組 3 個數字，難度比圈選圖像高了許多，多數的阿公、阿嬤都需要照服員和學生志工從旁協助完成，但也有對數字相當在行的阿公，像是年輕時在華園飯店擔任財務副總的孫金春就速度相當快的全數圈出，對數字依然敏銳。

在完成圈選後，這堂動腦課算是結束了，最後照服員們要收回紙張，謝阿公想把作業帶回家，不肯讓照服員收回，此時鍾燕惠告訴謝阿公他寫得非常好，而且都答對了，要收回去打成績 100 分，再發回來給他帶回家，謝阿公聽了之後馬上遞出作

● 慶生切蛋糕

業，鍾燕惠簡直就是神救援，原因無他：所有阿公、阿嬤們的個性完全了然於心！

下午課程結束後，舉辦4月份壽星的慶生會，當巧克力大蛋糕送到教室時，阿公、阿嬤們都很高興，一直問是誰生日，2位壽星黃阿嬤和張阿嬤戴上壽星帽，在蛋糕前接受大家唱和生日快樂歌，興奮表情溢於言表，唱歌後分送蛋糕到每位阿公、阿嬤桌上，幾乎也是秒殺吃完，以好吃的巧克力蛋糕當作一天課程的結束，讓阿公、阿嬤們相當滿足和快樂。

其實在時間進入3點半後，阿公、阿嬤們就不斷地看時鐘、詢問時間，等待家人來接回家，或是交通車來接他們，年輕時是大老闆的許阿公更是每天一下課就由照服員拿著一張椅子面對著校門口威風凜凜坐著等待；孫金春一直問老婆怎麼還沒來？一直就想往外衝；范阿嬤也頻頻走向校門往外探看，直說兒子「今天怎麼比較晚？」大家都焦急等待最愛的家人出現在校門口。

當阿公、阿嬤們看到太太、先生或是兒女來接時，高興的表情如同小朋友下課看到家人一般，趕快靠上去，牽起手就要往外走，俗話說「老小老小」，一點也不錯，失智老人的生活日常也許經常反覆、經常忘記得要一再提醒，然而就跟小朋友一樣，在學習的過程中也是經常需要提醒的，如果能夠用對待孩子的心情來看待他們，那麼將會發現他們也是好可愛！

至親摯愛　有你真好

牽手相伴樂活到老：孫金春與孫建中

「要不是他年輕時對我真的很好，我早就不會有這份耐心了」；「我跟兒女說，如果我先倒下不要救我，因為把我救活了，我回來還是得照顧你們的爸爸。」71 歲的孫建中一語道破家有失智老人的辛苦，她的先生孫金春罹患阿茲海默症已快 5 年，完全由孫建中親自照顧，一天 24 小時如影隨行讓她快喘不過氣，直到孫金春來到大同福樂學堂上課，才有喘息時間。

79 歲的孫金春年輕時是華園大飯店的財務副總，做事一向精明幹練，對太太孫建中更是體貼疼愛，孫建中回憶說，這個老公是媽媽在麻將桌上找來的。話說有一次孫建中媽媽與朋友打牌，牌桌上朋友提到有個男人還不錯，在大飯店做事，脾氣也好，但大孫建中 8

● 孫建中（左）與孫金春（右）夫婦

歲，問孫媽媽願不願意介紹女兒給他認識？當時在台北工作的孫建中就被媽媽喚回。媽媽跟孫建中說，差了那麼多歲一定會疼老婆，嫁過去是享福的，於是孫建中就照著媽媽的意思嫁給了孫金春。

婚後生 3 個子女，孫金春一如孫媽媽所言，不但給孫建中很多的自由，也非常疼愛孫建中，不論孫建中做錯事、還是被倒會，都不會挨罵，常常孫金春還會反過來安慰她事情過了就算了，下次注意就好。而且他人也不風花雪月，也不愛交際應酬，是個很標準、不錯的丈夫，

把孫建中照顧得很好，日子過得很快樂，甚至罹患阿茲海默症也是孫金春自己發現，醫生確診後才告訴孫建中。嚴格地說，這是打燈籠去尋都找不到的好姻緣，孫建中很欣慰。

孫建中回憶孫金春罹病的過程說，孫金春本來就有高血壓與攝護腺肥大等慢性病，平常就自己去就診，一開始他察覺自己手會不自主的抖動，且無法控制，事情也常記不住反反覆覆時，便警覺的主動跟醫生提起，醫生也建議他到神經科做進一步的檢查，檢查結果確診為阿茲海默症。

● 孫金春（左）與孫建中（右）夫婦

在確定罹患阿茲海默症，也確認這病只會愈來愈嚴重，到最後會因為失智而忘記所有事情的時候，孫金春便主動告訴孫建中，並將家裡的存款簿、房地契等全部交給孫建中。

孫建中說，孫金春一向很精明幹練，也經常出門跟朋友聚會、吃飯，她並沒有發現他罹病時有什麼不同，只知道他會不自主的發抖，因此當孫金春跟她提到罹患阿茲海默症時，她並不相信，直覺不就只是手會抖、腦筋記不住反反覆覆而已，有那麼嚴重到最後會完全記不得事情嗎？然而隨著退化愈來愈嚴重，再加上看到孫金春的日記上最後一次就寫著「好像記憶力愈來愈不好，就寫到這裡就好」，讓她也不得不相信原本精明幹練的先生真得了失智症。

孫建中說，孫金春65歲退休，在未罹病之前，他們經常有空閒時

間出外遊山玩水，也會到在新加坡工作定居的女兒家住上 1、2 個月，生活很是愜意，原先想辛苦一輩子，在兒女都長大成家立業後，也該輪到他們享福了，卻沒想到福沒享到幾年孫金春就罹患上這種好不了的病，她說，「很怨哪，但也只能認命啦！」

孫金春生病之後，孫建中並沒想過要聘請看護，她說，自己照顧得了，也不習慣家裡有個外人一起住，一天 24 小時得時時看著，否則孫金春就會到處翻東西，尤其愛到廚房，每每看到孫建中在廚房作菜，就會進去說要幫忙，也許因為年輕時是在大飯店工作的關係吧！然而這樣的幫忙卻總是愈幫愈忙，甚至有一次還把痱子粉灑進菜裡面，讓孫建中好氣又好笑。

有時候孫金春洗個澡都可以前後呼喊孫建中 6、7 次，一下子問衣服在那裡、一下子又說毛巾沒拿，不然就是看看熱水怎麼不會熱等等，讓孫建中疲於奔命，有時候也被搞得很火大，但即使如此，孫建中仍然沒有申請外籍看護或把他送到安養院的想法。孫建中說，孫金春年輕時真的對她很好，讓她過著無憂無慮的富裕生活，如果不是這樣，她早就不會用真心對待他了。

也許一天幾乎 24 小時都在一起，孫金春會忘了孩子名字，會記不起孫子是誰，但他至今仍沒有忘記孫建中是自己的老婆，孫建中說，「老公沒把自己忘記已經很好啦！」但她已經 71 歲了，也不知道還

● 繡縫工課程中的孫金春阿公

能照顧多久，如果孫金春走在她之前，那什麼事都沒有，但如果自己走在他之前，那麼她也交待小孩就把爸爸送到安養院，這不是她狠心，而是照顧失智病人的辛苦她最了解，平常要工作的孩子不可能像她一樣可以24小時照顧爸爸。

孫金春生病後就非常依賴孫建中，到那裡都要跟著，一開始還能跟著出門，但病情惡化之後，出門就變成是一件讓人緊張的事情，擔心會走失，也擔心動不動就拿別人東西回家會惹出麻煩來，所以只好待在家裡，這也讓孫建中真的喘不過氣來。後來女兒的朋友協助尋找日照中心，原本屬意五甲地區的日照中心，但因為路途太遠而放棄，而後從網路上看到大同福樂學堂日照中心成立，因為離家非常近，走路就可以到了，於是孫金春就開始上學的日子，也讓孫建中獲得喘息的機會。

● 孫金春阿公進行體適能運動

孫金春初到福樂學堂一進校門就想回家，還會跟孫建中碎唸同學中誰愛講話，還跟同學吵架，嚇得孫建中隔天到校要跟對方道歉，結果到校看到孫金春跟吵架的同學有說有笑，昨天為什麼吵架兩人都忘記了。現在上學是每天的習慣，雖然孫金春有時候也會耍賴說不想上學，但到了週末卻還會問「今天為什麼不上學？」孫建中笑笑說，現在孫金春偶而還會因為不高興而罵她，搞得她火冒三丈，可是轉眼間

先生就忘記為什麼生氣罵人，如果還為了他的話火冒三丈，也實在太難為自己，所以現在她也不太生氣了，想想先生也是可憐，得這樣的病並不是他自己想要的，也就不跟他計較太多了。

孫建中說，到福樂學堂學習後，讓先生的病情似乎不再惡化得那麼快，回來也會分享一些學堂裡的事情，很感謝有福樂學堂這樣的日照中心，可以安排課程讓先生失智惡化的速度不那麼快，讓她有喘息機會，跟朋友出去吃飯、逛逛百貨公司，政府應該要廣設類似福樂學堂的日照中心，造福更多的人。

換我保護媽媽：黃丸子與林淑櫻

每天精神總是神采奕奕又充滿正義感的黃丸子，看不出高齡已 81 歲，也看不出患有輕度失智症，負責照顧阿嬤的是她的大女兒林淑櫻，林淑櫻看著日益失智的媽媽感傷地說，原本是可以談心事的對象，如同生活中的戰友，現在卻彷彿是她多了一個女兒般，面對媽媽的變化，有些落寞也捨不得，所幸來到大同福樂學堂，讓媽媽每天作息正常，病況不再一直惡化下去。

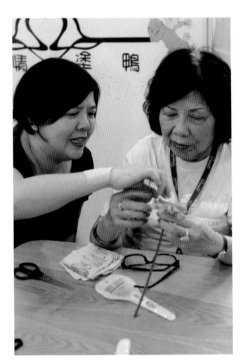

● 林淑櫻（左）與媽媽黃丸子（右）

黃丸子是台南安平的大家閨秀，家世背景很是雄厚，嫁給小學同班同學，先生是警察

人員，婚後生了4名子女，好客愛料理的黃丸子交遊甚廣，心地也善良，先生的幾個妹妹早逝，她甚至一肩負起照顧這些大、小姑孩子的責任，原本該是過著相夫教子的平靜生活，甚至可以過得富裕無憂的生活，卻因為另一名女子的介入讓她走入離婚一途。林淑櫻說，父母離婚是媽媽主動提起，因為對方已經懷孕，然而媽媽雖然生性樂觀，離婚帶給她的傷痛，兒女們也都感受的到，於是為了不讓媽媽再繼續鬱鬱寡歡，1983年林淑櫻到日本留學時便帶著媽媽一起到日本生活，直到林淑櫻也在日本遇到與媽媽相同的問題後，才又回到台灣定居。

林淑櫻說，她放棄在日本所有的資產取得小孩的監護權返回台灣，回台後，她和媽媽住在同一棟大樓的不同樓層。一切從頭開始的她，必須打拼工作賺錢養小孩，但她每天回到家總習慣先到媽媽家裡看看媽媽，同時和她聊聊天，但卻在5年前發現媽媽開始怪怪的。因為媽媽是一個活動力很強的人，但在發病那段時間卻沒什麼活力，每天都懶懶散散的，甚至用大同電鍋蒸東西時錯把豆漿當水加入外鍋，由於外婆70歲即罹患失智症，讓他們開始懷疑媽媽是不是也遺傳了外婆的失智症？由於在日本時她從事幼教工作，也曾多次接觸日本認知症（失智症）相關訊息，再加上有一個弟弟是醫生，讓他們在照顧媽媽上比較有敏感度，於是帶著媽媽到醫院檢查，確診為輕度失智症。

然而黃丸子並沒有病識感，每當林淑櫻姐弟們談到這話題時，黃丸子就要他們拿出一萬元鈔票來讓她算數，算數過程也真的都沒出錯，但這不代表就是正常。一開始黃丸子的狀況還沒那麼嚴重，生活也都能自理，因此仍維持與林淑櫻分住不同樓層的生活模式，直到這1、2年狀況愈來愈差，林淑櫻才將媽媽接到家裡一起住。林淑櫻說，在沒有到大同福樂學堂前，媽媽是每天睡到自然醒，醒來之後看電視，在生活沒有重心下，失智的情況愈來愈嚴重。

林淑櫻認為媽媽這樣一直下去狀況只會愈來愈嚴重，在尋求是否有辦法可以減緩媽媽的失智惡化時，聽聞大同醫院利用大同國小閒置

● 黃丸子阿嬤進行體適能運動

教室設立大同福樂學堂日照中心後，他們趕快幫媽媽報名，媽媽並不排斥，每天準時的到福樂學堂上課，結果因為每天有既定行程，媽媽生活恢復規律，生活也有了重心，失智的狀況似乎沒有之前那麼嚴重，甚至有時候狀況比較好時，還會跟林淑櫻說，自己好幸福，有兒女這樣照顧著我。林淑櫻語帶哽咽地說，有了媽媽這句話，辛苦都值得了。

林淑櫻照顧媽媽不假他人之手。她說，「以前媽媽保護我，現在換我保護媽媽。」所以她並沒有聘請看護協助，媽媽的生活起居全由她一手包辦，為此她甚至在家裡貼大字報，上面寫著媽媽每日行程及提醒生活注意事項，還帶著媽媽背九九乘法表、出數學題目給媽媽做，讓媽媽能持續動腦，每天帶她到公園散步運動，維持身體的體力。林淑櫻說，申請外籍看護只是能幫媽媽每天料理三餐等生活事宜，沒辦法與媽媽有太多的互動，她沒申請看護，可以讓自己每天藉著跟媽媽的互動來了解媽媽的情況，所以有時候因為太在意媽媽的情況，叮嚀媽媽記得吃藥、吃飯等雜事，反而自己都忘了吃飯，讓大樓警衛看到她說，「怎麼妳跟媽媽住，媽媽愈來愈胖，妳愈來愈瘦啊？」

林淑櫻笑說，以前她有很多心事可以跟媽媽說，也能向媽媽訴訴苦，她們像是生活的戰友般一起走過來。如今媽媽失智，沒女兒的她

像是多了個女兒般，每天為她打扮上學，不止搭配髮飾、衣服，甚至還擦指甲油，想想這也許是神的眷戀，讓一生辛苦堅強的媽媽有放鬆的時候，也忘記了與爸爸過往的不愉快，還會問她，是怎麼跟爸爸結婚的，是不是她的小孩都是跟同一個人生的，誇獎這位小學同學長得真帥，自己也漂亮得以匹配得上，忘記不愉快只記得好事，也是一種幸福。

大同福樂學堂社工鍾燕惠說，黃丸子阿嬤每天都精神很好，是位很有活力和正義感的阿嬤，常會為學員們打抱不平、維持課堂和諧，也會代學員向她反應事情，是一位非常有趣的阿嬤。

林淑櫻說，媽媽從一位樂觀熱情的人變成現在失智狀態非她所願，照顧這樣的病人說不累是騙人的，但她甘之如飴。所幸有大同福樂學堂，讓她能有喘息時間，媽媽也因為福樂學堂的課程每天都很開心，建立了很好的人際互動關係，大概上課一周後，媽媽就會在每天的接送時間，跟她分享當天在

● 林淑櫻

福樂學堂裡發生的事情，有一次因為生病沒辦法到福樂學堂上課，還難過的跟她說，「這樣吃飽睡、睡飽吃，好像在等死！」福樂學堂已儼然成為媽媽的生活重心了。

福樂學堂不論是帶給家屬能有喘息時間，或是帶給失智老人延緩失智症狀都扮演著重要的角色，林淑櫻建議政府應該廣設類似的日照中心，尤其現在少子化，學校閒置的教室愈來愈多，善加利用並結合醫院的資源，可以帶給老人們一個良好的照顧空間，設在學校裡也可以讓孩子學習如何照顧老人家，如何跟老人家互動，是非常好的老少共處的環境，政府應該著手多在社區裡設置類似的日照中心。

● 書法課程中的黃丸子阿嬤

失去記憶、不失快樂：
范殷秀錦與范雅修

年輕時是家裡中心人物且與人相處和善的范殷秀錦，卻在 2 年多前另一半確診為肺腺癌後性情大變，不僅固執暴躁、難溝通，更是逞強的將所有照顧老伴的工作攬在身上，這樣的大轉變讓范殷秀錦 2 子 1 女警覺，並送媽媽到醫院檢查，確診為輕度失智，父母相繼生病，著實讓范家兒女大受打擊。

● 范雅修（左）與媽媽范殷秀錦（右）

在今年 2 月爸爸過世後，將媽媽送到大同福樂學堂日照中心，藉由課程、運動及人際互動，媽媽的情緒已逐漸穩定。

秀錦阿嬤的二兒子范雅修是小兒科醫生，在回憶爸爸發病、媽媽也隱約患病的那段時間，眉頭深鎖的說，爸爸是公務人員退休，與擔任裁縫師的媽媽感情一向很好。2 年多前爸爸在一次例行的檢查中無意間發現肺腺癌，這樣的衝擊讓媽媽無法接受，當下對於爸爸的所有照顧堅持不假他人之手，一肩扛起所有的照顧責任，即使他們希望能夠聘請看護來協助照顧，一開始也都被媽媽拒絕。當時已 82 歲的媽媽體力也真無法負荷，隨著體力及精神的透支，性情的變化也愈來愈明顯。

● 秀錦阿嬤進行體適能運動

范雅修說，也許媽媽的失智在爸爸生病之前就已經開始，只是不明顯，在爸爸罹病的打擊下才逐漸惡化顯現。一開始的變化是媽媽會反覆講同樣的話、詢問同樣的事情，性情變得固執暴躁且難以溝通，在爸爸病了 1 年多，病情開始惡化後，媽媽更因為壓力大、睡不好而變得更加嚴重，於是在全家人幾經協調、溝通、爭吵後，媽媽終於態度軟化，願意聘用看護，也陪同媽媽到醫院做檢查，確認了一切情緒變化均來自於媽媽的輕度失智症。

不過，范媽媽並沒有病識感，醫生開立的藥物有一搭沒一搭的吃，

即使請了外籍看護，仍然事必親躬。范雅修說，事實上生病中的爸爸並不特別堅持所有的事都要媽媽經手，也很能接受外籍看護給予的協助，但媽媽的堅持不僅把自己搞得精神緊繃，兒女們也不捨更無奈。

范爸爸在生病 1 年後因癌細胞腦轉移而病況直轉急下，並在今年 2 月往生。范媽媽的打擊可想而知，病情似乎又更嚴重了些，在籌辦爸爸後事過程中，范家兄妹也同時考量了媽媽的情況，為了不讓媽媽孤單及憂鬱，使病情惡化，決定尋找日間照護機構來活絡媽媽的人際關係及刺激腦力。然而一開始尋找的幾個機構總是一週只有一天的活動，其他時間媽媽仍只能與外籍看護一起，這樣對媽媽的病情並無助益。直到有一次范雅修到大同醫院開會，看到大同福樂學堂的介紹，一週 5 天的課程及校園的環境，很符合他們的需求，於是在爸爸的後事圓滿完成後，就帶著媽媽來到福樂學堂試讀。

但以往商量什麼事都可以接受或參考的秀錦阿嬤，發病之後講什麼都是抗拒、都說不要，范家兄妹們跟她商量要帶她到福樂學堂上課，第一個反應就是抗拒，直說自己又沒有痴呆，兄妹們好說歹說下，才把媽媽帶到福樂學堂試讀。但第一天只一個上午就按捺不住早早回家。兄妹們又不斷地勸說，才願意再次到福樂學堂試讀，第二次之後的狀況就改善很多，范雅修觀察，因為媽媽在福樂學堂結交到可以談心的夥伴，所以不再排斥上課，而後再要帶她到福樂學堂已不是難事了。

然而，喜歡雖喜歡，卻以為上課要繳高額學費，坐交通車又要費用，讓節儉的秀錦阿嬤又想打退堂鼓。於是范雅修只好對媽媽說出善意的謊言，自行縮減學費的額度並說政府有補助福樂學堂的學費，學費打對折很便宜，另外福樂學堂補助每天搭計程車上學的車費，所以車資免費，用此說服媽媽讓她安心來上課。

范雅修說，家裡的經濟情況其實並不差，但媽媽出身於台南後壁鄉，家裡有十多個兄弟姐妹，小時候日子過得很清寒辛苦，小學畢業就出外學裁縫，因此生活節儉，善意的謊言讓媽媽能夠安心到福樂學

堂上課是很值得。

也因此每天早上一到福樂學堂，秀錦阿嬤就要外籍看護記得把計程車收據給社工鍾燕惠，鐘燕惠也默契十足的收起收據，並告訴阿嬤補助的錢申請下來後，會交給她的兒子，秀錦阿嬤才放心的去上課，現在問她喜歡來上課嗎？她笑笑的說「金促咪啦！上課很好玩，還可以跟大家聊天，大家都喜歡這裡才會來啊！」

范雅修觀察媽媽到福樂學堂上課之後的轉變，以往情緒不穩定及看事情鑽牛角尖的情況有很大的改變，性情也變得較開朗，雖然失智是不可逆的疾病，只能延緩惡化的速度，但這不能光只靠藥物延緩，懷舊的環境、運動、與人互動等，都可以讓老人家的腦子一直動，進而減緩失智惡化，福樂學堂就提供這樣的條件。而且設置在國小裡，不僅活動的場域較大，與小朋友的互動中也可以勾起老人家小時候的記憶，學堂內安排的課程，像是手工藝、縫補等本來就是媽媽的拿手技藝，可以教導和幫助其他學員，也讓媽媽充滿了成就感。

回想爸爸重病、媽媽失智發作的那段時間，范雅修坦誠自己承受相當大的壓力。尤其當時他的兒女又正值準備國中會考，內外交相逼下，不僅晚上失眠，壓力大到幾乎喘不過氣；在台北工作的大哥更是三天兩頭坐高鐵回來陪爸爸和媽媽；從事教職的妹妹在照顧的同時，也常常要接收媽媽不斷

● 園藝課程中的秀錦阿嬤

傳達出來的負面情緒，兄妹們都各自承受著各種不同的壓力。而當時他是藉由閱讀、偶爾在來回奔走間窩到咖啡廳讓自己放空一下來紓壓，也不斷的對自己心理建設，告訴自己要過得好，才有能力照顧媽媽，有些事選擇放得開，才讓他逐漸從壓力鍋中釋放出來。

如今范媽媽白天和外籍看護坐計程車到福樂學堂日照中心上課，下午范雅修自己開車來接媽媽下課，在車上和媽媽有聊天談心的時刻，也能穩定媽媽的心情。這樣的模式讓范雅修和家人有喘息的時間，也減輕不少壓力，媽媽也能在良好的環境下得到很好的照顧，重新活絡人際關係，刺激大腦的活躍，並延緩病情的惡化。

在人口老化的趨勢下，范雅修認為政府應該投入心力，廣設類似大同福樂學堂的日照中心，協助有需要的家庭能夠有更好的生活品質，讓老人可以得到適當的照顧，也讓家屬能有喘息的時間，同時學校老師也可以藉此機會適時給予孩子們機會教育，讓人際間的親善再度活絡，同時培養孩子的關懷心。不過，范雅修也有感而發的說，人口結構的老化，現今中壯年一代將來面對獨居的可能性無法避免，提醒中壯年如何安排自己老年後的生活也是一個重要的課題。

銀髮照護
面面俱到

高齡友善　在地安老

　　高雄市長陳菊在大同福樂學堂開幕致辭時說，一個城市的進步要看疼惜老人的程度，希望高雄市能成為一個老人可以安心、安居的城市。因此，在中央政府喊出長照 2.0 後，高雄市積極配合，所有政策走在中央及其他縣市之前，大同福樂學堂更是在長照 2.0 定調前 2 年即以醫院全人照顧的理念開始籌設日照中心，堪稱全台第一，也是目前唯一在校園閒置空間設立的日照中心，建構出一個以人為本，營造尊重、溫馨、優質的照護環境。

　　高雄市共有 38 個行政區，目前全市已有 13 處老人日間照顧中心及 11 處日間托老據點，共涵蓋 17 個行政區，分別是前金、苓雅、前鎮、大寮、鳳山、旗山、左營、燕巢、仁武、內門、杉林、甲仙、大樹、鹽埕、茂林、桃源及那瑪夏，配合長照 2.0 一區一日照的政策，也積極尋找各區適合的據點設置日、長照中心。

　　根據統計，高雄市在縣市合併後，0 至 14 歲及 15 至 64 歲的人口逐年減少，65 歲以上人口逐年增加，每年老齡人口以倍數成長，到 2017 年預估需要長照照護的人口從 42,837 成長到 84,351 人，面對長照照護人口的需求增加，高雄市政府秘書長蔡柏英希望各區區長能積極尋找區內閒置空間來作為日、長照中心之用，學校閒置空間是首選，其他諸如農會閒置辦公室、里民活動中心、衛生所等等，連結衛生局及社會局資源設立日、長照中心，並達到長照 2.0 照護無縫接軌的目標。

　　大同醫院副院長吳登強認為，以往的日、長照中心、護理之家，甚至是強調頂級照顧的養老村等，都是設置在比較偏遠的地區，將長輩與親友圈切斷，這是非常殘忍的事，也會讓老人家有壓力。長照 2.0 呈現的社區照顧、在地老化，可以讓長輩更接近家人、更優質，且可

負擔的社區照顧。大同福樂學堂利用校園閒置空間讓阿公、阿嬤與孫子早上可以一起上學、下午一起放學在地老化的效益已逐漸顯現。

　　吳登強引用衛生福利部護理及健康照護司司長蔡淑鳳簡報中指出，根據統計 1993 年台灣 65 歲以上的老人有 149 萬人，佔全人口的 7.1%；2012 年 65 歲以上的老人有 286.8 萬人，佔全人口的 12.9%；75 歲以上則有 126.3 萬人，預估到 2025 年，65 歲以上的老人將會超過 20%，老年人口的成長是相當快速的。所以早年因為夫妻生養很多小孩，在照顧上不會有太大的問題，但現代人生的少或是不生，可能一個年輕人就要照顧 6 個老人，負擔相當大，也因此常會發生類似餓死中風媽媽和大哥的社會事件，所以可負擔的日、長照中心就成為目前最重要的政策，也是讓家庭脫離苦海的最佳方式。

　　大同福樂學堂是台灣第一個利用閒置校園空間成立的日照中心，吳登強認為，強調在地老化中的最大亮點是早上阿公、阿嬤揹著福樂學堂的書包，帶著揹大同國小書包的孫子或孫女一起上學，讓老人可以因為小朋友的活力及可愛，重拾對生命的希望，小朋友則是能從與長輩的相處中得知老人的狀況，學習與老人共處及照顧，讓老吾老能真正落實。

　　吳登強指出，2017 年的台灣失智、失能老人已達 73.8 萬人成長 44%，成長的速度可說相當快，這也突顯出老人照護日、長照中心的重要性及迫切性，大同福樂學堂可說是政府與民間合作的成功範例，政府應該要運用民間力量來成立日、長照中心，而不是花大錢獨立完成，甚至可以點名幾家大企業共同參與，在合法合理範圍內給予企業協助，政府只有善用民間資源才能可長可久。

　　姚雨靜肯定大同福樂學堂的設立，並認為大同福樂學堂是個高規格的日照中心，在市府從上到下支持及大同醫院全力投資下，社工、照服員及醫療都一次到位，倘若有更多諸如大同福樂學堂模式的日照中心成立是高雄市民的一大福音。由社會局擔任溝通協調及聯繫的角

● 衛生福利部照護司司長蔡淑鳳（右四）參觀大同福樂學堂

色，從辦理說明會，協助籌設單位向學校、家長及社區溝通說明，輔導單位參加公開甄選，提案至高雄市都市計畫委員會審議，核准確認大同國小閒置空間辦理日間照顧中心，到召開跨局處協調會議，就相關法規事項做協調處理；另協助協調教育局支持大同國小的租借；都市發展局、工務局建築管理處輔導並審查單位建物在都市計畫法、建築相關法規的釋疑，市府團隊各司其職，積極投入協助行動。

讓高雄市各區閒置空間再利用一直是市府既定政策，姚雨靜認為，校園閒置空間只是選項其一，其他諸如老人活動中心、農會及國宅等，讓老人照護可以更多之想像開發及落實在地化，了解並回應長輩的需求，並引進物理治療、職能治療及營養師等多元的專業療育資源，也許一開始沒辦法完全到位，但可以運用多區聯合聘請專業治療師及營養師的方式，讓高成本專業人員也能永續投入社區日、長照中心的老人照護。大同福樂學堂為校園閒置空間與日照中心結合走出一條路，

希望藉此鼓勵更多機構團體投入長照 2.0，達成公、私協力共創雙贏的局面。

劉景寬認為，高醫是公益型的大學與醫院，應該積極補足目前在老人安養比較缺乏的部分，2 年前高醫也曾評估購買長照中心或養護之家，但因種種原因作罷。因此，在大同福樂學堂設立後，高醫體系日、長照計畫也積極啟動，再尋找其他閒置空間成立日、長照中心， 除了 2017 年年底即將完工的三民區民族國中日照中心外，旗津醫院除了原建築往上蓋一層的護理之家，在醫院旁邊也將再蓋一棟護理之家；也有意承租目前閒置的前高雄市立圖書館，該圖書館就鄰近大同醫院，樓高 9 層樓，希望能夠規劃成為複合式的日、長照中心。劉景寬強調，**高雄醫學大學作為學校體系要重視的是社會責任而非利潤，即使人、物力有限仍然該做，在長照 2.0 的在地老化、社區醫療上盡善社會責任。**

大同醫院管理室主任黃建民説，如果高雄市政府認為大同福樂學堂是閒置空間與日照中心結合的良好模式，若能夠釋出更多的閒置空間，該院也樂意協助規劃投資，期望未來能夠有更多、更好的日、長照中心，提供給高雄市老人最安居的照護環境。

淺談失智　不怕失治

高雄市立大同醫院神經內科　楊淵韓主任

前言

一般而言，失智症有很多種，最常見的是阿茲海默失智症，是一種異於正常老化過程的疾病，使得腦部神經細胞逐漸衰退、死亡，因而喪失腦部正常功能，導致記憶力、判斷力、抽象思考力、推理能力以及語言能力等認知功能逐漸衰退，並造成日常生活及行為功能上的障礙，進而影響日常工作和自我生活照顧。阿茲海默失智症早期的徵兆不是很明顯，可能發生在任何人身上，只有醫師和專家才能適當確診。但一般發病年齡大多集中在 65 歲以上老人，且年紀愈長，罹患的機率愈高，尤其是 80 歲以上的老

● 大同醫院神經科主任楊淵韓

人，罹患阿茲海默失智症的機率最高，阿茲海默失智症因此也被泛稱為老人失智症。

診斷方法

各種疾病都有早期，掌握早期治療效果最好，日後的併發症也越少，那麼能有效協助醫師及研究者使用的工具有哪些？

（一）血液檢查：目前為止在血液中無法確定診斷阿茲海默失智症，抽血檢查在於要排除其他代謝而內分泌疾病異常導致的大腦功能不好，其中甲狀腺異常是偶爾會見到，特別是情緒低下和憂鬱症的病人。

（二）腦脊髓液檢查：腦脊髓液中乙型類澱粉蛋白質（beta-amyloid，Aβ，Aβ42）含量下降與 tau 蛋白含量上升程度及其他可能致病蛋白質比例是否改變，當然也可診斷症狀表現是否由臨床極少見的腦膜炎或水腦症等等所引起，以避免錯誤。

（三）磁振造影檢查：磁振造影（Magnetic Resonance Imaging，MRI），又稱核磁共振。它可以提供清楚的腦部本身以及相關血管的解剖影像，在失智症的診斷上，極具幫助。如果是阿茲海默症，磁振造影常可以看到海馬迴萎縮或大腦萎縮，尤其集中於某些區域（額葉和顳葉）。如果是血管性失智症，往往可以看到腦中風的病灶，或是相關的腦白質變化，與其他型失智症相互比較會呈現相異之處。

（四）正子造影檢查：正子造影（Positron Emission Tomography，PET）用以偵測人體內細胞代謝葡萄糖的情形。大腦新陳代謝十分旺盛，葡萄糖使用率極高；因此，可以利用此正子造影偵測腦部代謝的分布。若是出現不正常的區域，便意味著此處的腦細胞功能可能有變化。

類澱粉正子造影（amyloid PET）偵測類澱粉蛋白沉積。但是年齡超過 65 歲的人，約有三分之一的人會有乙型類澱粉蛋白斑塊堆積在大腦，可是卻無認知障礙，因此乙型類澱粉蛋白斑塊的存在並不意味著會必然發展成阿茲海默症，此項的測試會變成僅能讓醫生排除非阿茲

海默症的病人。

就目前阿茲海默失智症和其它失智症的診斷率而論，一般而言是被低估的，而且不論是在一般社區中，或是一般的門診中，極早期失智症更少被診斷出來。然而若是要在更早期發現或診斷出極早期的失智症時，更需要花費相當大的時間和財力。為了兼顧臨床上對極早期失智症診斷的準確性，以及在面對普羅大眾失智症篩檢時的便利性，美國聖路易華盛頓大學阿茲海默研究中心發展出一項 8 個問題的極早期失智症篩檢量表，在經由我們翻譯和確認其信效度後，已在 2009 年世界阿茲海默症大會發表，該篩檢量表的應用上著重於目前和過去的日子比較時，在經由正確的訓練和宣導使用之後，若受測者的這 8 個問題其中有 2 個問題改變時，受測者有可能患有極早期的阿茲海默症，但如果有徵狀時，也不必過分驚慌，這只是一個篩檢量表，真正失智與否，尚需要專門的失智症診療醫師來做最後的確認。

AD8 極早期失智症篩檢量表			
填表說明： 若你以前無下列問題，但在過去幾年中有以下的改變，請填「是，有改變」。若無，請填「不是，沒有改變」；若不確定，請填「不知道」。	是， 有改變	不是， 沒有改變	不知道
1. 判斷力上的困難：例如落入圈套或騙局、財務上不好的決定、買了對受禮者不合宜的禮物。			
2. 對活動和嗜好的興趣降低。			
3. 重複相同的問題、故事和陳述。			
4. 在學習如何使用工具、設備、和小器具上有困難。例如：電視、音響、冷氣機、洗衣機、熱水爐（器）、微波爐、遙控器。			
5. 忘記正確的月份和年份。			

AD8 極早期失智症篩檢量表			
6. 處理複雜的財務上有困難。例如：個人或家庭的收支平衡、所得稅、繳費單。			
7. 記住約會的時間有困難。			
8. 有持續的思考和記憶方面的問題。			
AD8 總得分			

資料來源：

· 楊淵韓等（2009），世界阿茲海默失智症大會。

· Yang YH, et al. America Journal of Alzheimer's Disease & Other Dementia. 2011; 26: 134-138.

· 8 項鑑別老化與失智受試者訪談量表為美國密蘇里州聖路易華盛頓大學版權所有。

治療

藥物治療

在治療阿茲海默症的藥物主要有乙醯膽鹼脂酯抑制劑及 NMDA 受體拮抗劑：

● 乙醯膽鹼脂酯抑制劑

1. 憶思能（Exelone®）健保局核准可以使用在輕、中度的阿茲海默失智症病人，劑型有四種膠囊（1.5 mg、3 mg、4.5 mg、6 mg）等不同劑量、且有水溶液及最近引進的貼片劑型。最近憶思能更被核准使用在巴金森氏症合併失智症（Parkinson's disease dementia）。

2. 愛憶欣（Aricept®）為台灣較早上市的藥物，目前以錠劑為主，有 5 mg、10 mg 兩種劑型。除了使用在輕、中度的阿茲海默失智症病人，目前健保局也核准使用在重度失智症的患者身上。

3. 利憶靈（Reminyl®）目前為膠囊劑型，為一種長效型藥物。有 8 mg 及 16 mg 兩種劑型，也使用在輕、中度失智症患者身上。

● NMDA 受體拮抗劑

憶必佳（Ebixa®）及威智（Witgen®）等廠牌為 10 mg 錠劑，健保局規定使用在中、重度的病人身上。另外，其他藥物包括抗精神病藥物、抗憂鬱劑等藥物是用於改善患者的精神行為症狀，例如妄想、躁動、睡眠障礙、憂鬱等。

非藥物治療

除藥物治療之外，非藥物治療也是改善失智症患者精神行為症狀很重要的一環。可以穩定病人生活功能性及延緩病程進展、改善行為及精神症狀、促進認知功能，以及增進病人及家屬的生活品質。

‧認知功能的訓練
‧懷舊治療
‧體能強化訓練
‧藝術治療、音樂治療、肢體按摩等等

失智症者的照護是困難的，在面對無法預測病人行為時，照護人員不論是在精神上或身體上都是壓力沉重負擔很大。除了需理解被照顧者出現的行為及情緒表現，也要給自己心理建設，並找到適當的紓壓方式。

失智症的照顧

● 維持安全的環境

　　這是最重要的部分，把周遭環境調整成病人來說是熟悉、穩定、有安全感的。適合的光線，無雜物的活動空間，加裝扶手或使用防滑物品，預防病人跌倒。

● 日常起居照顧

　　此時病人時間記憶會有混亂情形，照顧者最好能規劃分配時間進行照顧工作。

讓病人有規律的生活

1. 用藥、回診：遵照醫師指示用藥，按時間回診評估病況。

2. 充足的營養及水分攝取：有些病人有進食方面障礙，可採少量多餐營養成分高的食物。

3. 口腔清潔維護：病人可能忘記口腔清潔，發生發炎感染疼痛，進而影響進食意願及產生情緒煩躁，所以必須做好口腔清潔，提醒或幫忙刷牙、漱口等步驟。

4. 如廁（大小便）：廁所用顯眼圖案標示在門口，如廁處周圍顏色鮮明，讓病人容易看到與辨識。定時訓練引導大小便，養成習慣，維持腸胃道及膀胱正常功能，記錄大小便情況，避免便秘及泌尿道疾病發生。

5. 穿衣服：給予失智長者自己選擇衣物的決定權，挑選衣物時選擇種類簡單不要複雜，容易穿脫最好。幫忙將衣服的穿衣順序依序排好，讓失智長者自己穿著，必要時可給予簡單提示，維護其自尊心及獨立感。

6. 沐浴：選擇失智長者心情好或最適合洗澡的時間進行，依循著長者過去的洗澡習慣，營造安全舒適的洗澡環境並注意隱私，給予充分時間盡量讓長者自己做清洗身體的簡單動作，有困難者再由照顧人員從旁協助。

7. 睡眠：常見失智長者有睡眠混亂問題，例如白天睡覺、晚上活動，所以白天增加活動時間及內容，避免小睡或午睡，晚餐後少喝含咖啡因之飲料，限制喝水量，減少半夜尿床或起身上廁所的機會，營造適合長者睡眠習慣的室內環境，必要時可尋求醫師的協助，使用藥物來調整睡眠。

安全走跳　安心活動

高雄市立大同醫院復健科　陳天文主任

人口老化是世界各國共同面臨的社會問題，台灣人口老化的速度比其他先進國家更為快速。1993 年 65 歲以上老年人口已達到 147 萬人，佔當時總人口比例 7%，成為世界衛生組織所稱的高齡化社會。預計在 2025 年 65 歲以上人口將佔總人口的 20%，成為超高齡社會。

隨著老年人口的快速增長，多重慢性病與功能性障礙的人口也大量增加，同時失智與失能的人口也相對的大量增多。對於失能的定義以世界衛生組織提出的國際健康功能與

● 大同醫院復健科主任陳天文

身心障礙分類（International Classification of Functioning , Disability and Health，簡稱 ICF）。因為損傷（Impairment）導致執行活動的方法和範圍的能力受限，無法像正常人一樣。失能的定義包含了損傷、活動限制和環境因素造成的參與限制。

目前世界各先進國家對老人照護都以在地老化及成功老化為最高指導原則。老化是不可避免的自然現象，但如何讓老人在原本生活的社區中自然老化，而且盡量減輕失能所帶來的不方便，維持老人自主、

自尊、隱私的生活品質，減輕家人的照顧負擔，更進而能夠讓我們的社會形成一個老有所終、壯有所用的大同世界。

要能夠讓長者都能夠達到在地老化及成功老化的目標，必須要有多方面的資源整合，包括社會資源，提供較多的無障礙空間及各式福利措施，鼓勵長者的社會參與及活動；也需要醫療資源的投入，減少多重慢性病所造成的共病影響；也需要復健團隊的早期介入，減輕或打破不論是因疾病或是年齡相關的生理變化所造成自體功能的下降。身體功能下降的原因可能有許多原因，如失智症、憂鬱症、疼痛、睡眠障礙、營養狀況及疾病因素。對於每一位長者都需要針對多重原因及需要個別化的討論。對於長者，我們需要透過評估及治療將長者的身體功能能夠維持在最佳狀態與最大身體獨立自主狀況。能夠排除或降低失能狀況，然後長者的生活品質才能改善，而家人的生活品質也會隨著有所改變，不會受到長者的身體狀況而團團轉。

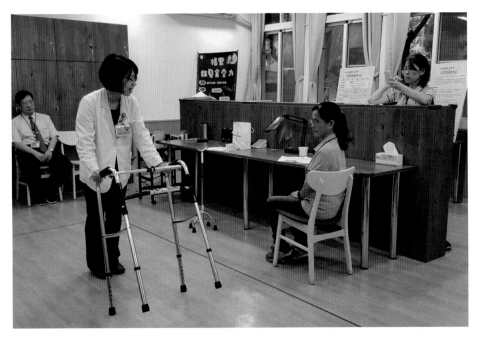

● 物理治療師輔具教學

長者的復健團隊介入是多專業及跨領域的合作模式，以完整個別化評估長者的情形，確定長者的身體狀況及功能狀況，再來規劃合適的復健模式。以預防失能為目標的健康促進。提升整體社區健康促進的運動計畫及社區營造，以預防失能為目標的社會照顧，如高齡友善社會及長期照護，最後以預防失能為目標的復健醫療照護。如此才能以預防失能及成功老化的方式來達到在地老化的目標。

　　高雄市立大同醫院所經營大同福樂學堂的復健目標就是依普爾活動層級（Pool Activity Level）及日常生活功能量表（ADL 及 IADL）將我們的長者分級，然後再實施不同類型的活動。失能程度比較輕微的可以做一些有目標性的活動，如簡單的手工藝品、紙牌遊戲、團體遊戲，失能程度比較重的可以做一些比較強調執行活動的過程，更勝於活動實際的成果。如繪圖、捏陶、懷舊（音樂、照片）。

● 物理治療師進行復健活動

　　另外在最近的研究上，心肺功能運動訓練可以促進注意力集中，增加工作記憶能力及增強腦部運作速度，最後可以改善整體的認知功能。所以運動可以改善因為年齡增長所造成對健康及認知功能的影響。心肺體適能運動對認知功能的改善有幫助，增加運動及活動可以減輕認知功能，因為年齡增長的衰退。有時一些很簡單的運動，如走路就可以有顯著

的改變。有研究顯示單純做 6 個月的走路，就可以有達到心肺有氧運動，而且可以有效改善長者的認知功能。另外也有研究指出中年人如果做中等程度的活動就可以減輕未來認知功能障礙，在其他的研究上也提到老年人有較強的肌肉力量可以有效降低老年人整體認知功能下降。當然運動有助於改善跌倒的發生，而年紀大的人跌倒，也常是造成失能的原因之一。

總結來說，失智及失能長者的復健必須靠對高齡友善的社會及個別長者的整體評估，復健團隊的介入是不可或缺的一環，改善一個長者的功能，就是對一個家庭的改變，大同福樂學堂就是大同醫院對社區的承諾及改變社會的開始。

● 高雄市物理治療師公會理事長林士豐教導復健活動

樂齡照護　知易行難

高雄市立大同醫院家庭醫學科　陳姿樺主治醫師、戴書郁主任

隨國人壽命延長，台灣逐步邁入高齡化社會，俗話説「家有一老，如有一寶」，家中有高齡長者其實是一種福氣，如何照顧老年人則成為大家亟需學習的課題。

老年人照護的基本觀念

首先要了解老年人身、心、靈各方面都較為脆弱，除了照顧日常生活，還要發自內心關懷，注意生理、心理的狀況，才能提供良好照護。

（一）居家環境：老年人視力減退、動作遲緩，需注意室內光線充足，常用物品盡量放在固定位置，減少雜物堆積。地板不可太滑，尤其浴室地面宜保持乾燥，馬桶周圍或有高低落差的地方加裝扶手。步態不穩者可使用輔具，或在家中安裝扶手，以防跌倒。

● 大同醫院家醫科主任戴書郁

139

（二）飲食：老年人很多有牙齒脫落、唾液分泌減少、腸胃蠕動變慢的情況，影響食物消化吸收甚鉅，最好選擇質地軟、易消化的食物，盡量清淡，避免油炸、辛辣或刺激性食物。注意飲食均衡，適量食用優質蛋白質、蔬果，攝取足夠的鈣質、膳食纖維及水分，如有需要可補充綜合維他命。此外，也要維持三餐定時定量，避免血糖波動過大。

（三）定期檢查：家中建議要有血壓計，最好能每天監測，若血壓過高或不穩定，建議就醫診療。65 歲以上老年人，高雄市每年補助一次免費身體健康檢查，定期體檢能及早發現異常，即時接受治療。

（四）適度運動與活動：運動可鍛鍊骨骼肌肉、減緩退化，步行是最適合的運動，此外也可做體操、太極拳、氣功，但要注意運動的量及強度要適中，若體能不堪負荷時就要休息並調整運動量。此外，一些簡單輕鬆的家務可以適度安排給老年人做，增加他們的成就感與自信心。鼓勵和其他老人交流，參與下棋、唱歌等活動，讓生活更快樂，同時也能預防失智症。

（五）多問多聽多陪伴：基於不想麻煩子女的心態，老年人很多不願開口表示需要幫忙，建議子女應該主動表示關心，耐心聆聽，多說些鼓勵的話，多陪伴，讓老人家感受到家人的關懷與愛。

如何辨識及預防老年衰弱症

隨年齡增長，多數老年人會逐漸出現體能下降、身體器官衰退等現象，而被認為是衰弱的表現。事實上，「老年衰弱症」指的是整體功能及多重器官衰退，且容易發生併發症的一種症候群；可能因突發事故就進入失能狀態，是後續一連串身體功能惡化的開端。

目前有5個指標適用於辨識老年衰弱症，分別為：(1)體重減輕，(2)做任何事情感到費力或缺乏幹勁，(3)活動量減少，(4)行走速度緩慢，(5)握力差，若以上5個指標當中符合1-2項視為有衰弱傾向，有3項以上則視為衰弱。

　　在眾多可能的生理機轉當中，「肌肉減少症」被認為與老年衰弱症具有高度相關性。肌肉質量原本就會隨年齡增長而下降，類似「用進廢退」的概念，不常活動、不常使用的肌肉流失速度會更快。肌肉衰退可能會造成步伐不穩、平衡變差，增加跌倒的風險性，萬一不幸跌倒骨折，更有可能造成長期臥床，引發許多併發症及衰弱，整體功能逐漸惡化，進入每況愈下的惡性循環。

　　對於有衰弱傾向的老年人應該把握時機趁早介入，同時加強運動、注重營養，是儲存「肌」本的不二法門。養成規律運動的習慣，盡量維持動態的生活型態，體能狀況許可下也可特別訓練肌肉，例如手拿裝水寶特瓶、手扶牆壁墊腳尖等動作，看似簡單卻能訓練臂力及腿力。營養方面宜攝取足夠的熱量及蛋白質，很多人會有不吃肉、只吃蔬果養生的迷思，殊不知缺乏蛋白質會加速肌肉流失，魚、肉、蛋、豆腐、牛奶等食物都含有豐富蛋白質，必須適量攝取以維持均衡營養，但腎臟疾病患者必須向醫師洽詢蛋白質的建議食用量。此外，積極治療慢性疾病、不抽菸，保持愉快心情，多參與活動，訓練生活獨立自主的能力，這些都能減緩老年衰弱症的發生。及早介入有衰弱傾向的老年人，給予確實的生活指導，方能減緩步入衰弱、失能及避免許多併發症。

避免多重用藥及服藥正確觀念

許多老人家都會罹患兩種以上慢性疾病，加上迷信藥物「有病治病，沒病強身」的錯誤觀念，除了醫師處方，還可能自行到藥局買藥、服用中草藥，甚至地下電台的廣告藥品。「多重用藥」的普遍定義為服用五種以上藥物，以老年人居多，事實上藥吃多了不但沒有好處，甚至還會提升藥物交互作用的風險。

如果在不同的醫療院所就醫，建議將平日服用的藥物做紀錄，主動出示讓看診醫師了解，避免開立重複性質或藥性衝突的藥物。例如高血壓病患長期服用血壓藥，但治療攝護腺肥大的某些藥物也具有降血壓效果，需讓醫師掌握用藥情形避免血壓降的太低。萬一服藥後發生疑似過敏的症狀，先停藥並盡快回診諮詢，將可能造成過敏的藥物記下來，之後就醫時主動提供過敏史，以免再次吃到引發過敏的藥物。若有兩位以上醫師開立的藥物，為了提升服藥正確性，可自行購買藥盒，將一整個星期的藥物依餐別時間放入藥盒，如此更方便監測他們是否按時服藥。

此外，有些老人家不喜歡吃藥或擔心藥物有副作用，會偷偷減藥，例如血壓藥認為是血壓升高才要吃，必須糾正這些錯誤觀念。有服用高血壓或糖尿病藥物的病人，必須每天量測血壓、血糖，以免降得太低發生危險。

居家醫療與在地老化

病情較嚴重且行動不便或臥床的病人，負責照顧的家屬勢必更加辛苦，許多為人子女的為了盡孝道，不願將這些長輩送至安養機構，仍希望留在家中照顧，考量到這些就醫有困難的病患，健保署全力推動「全民健康保險居家醫療照護整合計畫」，鼓勵醫護人員至行動不

便的患者家中提供醫療照護。此服務收案分為三階段：（一）居家醫療階段：有明確醫療需求但行動不便或失能而無法到院就醫的患者；（二）重度居家醫療階段：除第一項條件外，另需符合身上有鼻胃管、導尿管、氣切或三、四級壓瘡傷口；（三）安寧療護階段：除第一項條件外，另需符合末期疾病定義，包括癌症末期、末期運動神經元疾病、八大非癌疾病末期，且病人或家屬同意接受安寧照護並簽署同意書。

長期臥床或身上有管路的病患，很容易出現許多併發症，常見者例如肺炎、泌尿道感染、壓瘡，照顧者需特別提高警覺、小心預防，避免嗆到、拍背、定期翻身、注意清潔及消毒等都是基本照護技能。居家照護讓許多老人、慢性病患能在家中獲得溫馨、持續性的專業照護，維持家庭的完整性、發揮既有之家庭功能與生活品質；減少病人往返醫院所費的人力、財力、精力。

針對有多種慢性疾病或多重問題的老年人，可以到「長壽醫療整合門診」就醫診療，完整的周全性評估能提升醫療品質，有效節省多科別就醫的時間與金錢，減少醫療資源浪費，帶給病患連續且全面性的照護。

同為高齡化社會的日本，近年來積極推動在宅醫療，是我們效法的目標，期望能發展本土醫療照護制度，讓每位長者都能在自己熟悉的社區舒適地生活、在地老化。

後記

後記

　　十年前曾在計程車上聽過一則笑話不知真假，當發生警匪槍戰時，若雙雙中彈，119 救護車會將警員送至高醫，然後將匪徒送到大同醫院。2010 年高醫體系接手經營大同醫院時，這則笑話仍在坊間流傳。

　　大同醫院是台灣第一家接手經營 ROT 模式的公辦民營市立醫院，為高醫大第 3 家附屬機構，開院一年內即通過衛生福利部新制醫院評鑑特優暨教學合格醫院，此為全台首創在建院最短時間內即獲評鑑特優榮譽之醫院，經營第 2 年即達損益平衡並有盈餘，樹立公辦民營之典範。2011 年榮獲行政院公共工程委員會第 9 屆民間參與公共建設金擘獎民間團隊優等獎及公益獎，為促進民間參與公共建設案之典範。

　　據幕僚表示，開院時頭 2 年已有出書記錄 ROT 案之計畫，然正值多事之秋，大同醫院雖目標明確，但確實不知道未來會產生多少能量、指引往何處去，不敢貿然稱許。現在是 2017 年的夏天，7 年來在余明隆院長、侯明鋒院長的帶領下，大同醫院 ROT 成功案例在台灣醫療界已占有重要地位，在調動頻繁卻合作無礙的體系制度上，已超過千人為了成就大同醫院而燃燒工作生命，在高雄市各項健康守護重要戰役中從不放棄，警匪槍戰的笑話已然消失。

　　一間醫院的品牌建立，基本上需耗費十年的時間，然爬梳其脈絡，大同醫院若有一點點世俗上所謂的經營成功，其應完全歸功於各級長官的指導、各任首長的帶領、主管的堅持與員工的努力不懈，在專業醫療精益求精，從提供最基礎科別診治外，追求各科頂尖的醫療技術，引進高端先進醫療設備；除政策基本面的健康促進與疾病預防外，在社區、校園與媒體層面，各部門深耕健康傳播，滿足閱聽者對於健康識能的需求；在體系整體發展上，全面配合體系規劃，調撥人才協助體系拓展，甚至不惜成本建置日間照顧中心，俾能在高醫健康照護事

業中，實現建立全人健康照護體系教育的各環節。

　　全國第一座與現有校園空間結合的日照中心，及全國第一家 ROT 公辦民營之市立醫院，「第一」不是我們擅長的手段，只是剛好在政策的宣布前，我們願意承擔先知孤獨的角色，在市民願意將生命與健康交付我們的同時，再調度人力、物資投入更多不可預期的未來。

　　長照原不是醫療院所的主場，但高醫體系從不缺席。謹以此書，感謝曾給予大同醫院協助的你／妳。

國家圖書館出版品預行編目（CIP）資料

光和日照大同：老幼共學的大同福樂學堂 / 吳文
正等作. -- 初版. -- 高雄市：巨流，2017.10
　　面；　公分. --（大同日照叢書；1）
　ISBN 978-957-732-557-0(平裝)

1.老人養護

544.85　　　　　　　　　　　　　106015538

大同日照叢書 I

光和日照大同：

老幼共學的大同福樂學堂

作　　　者	吳文正、吳登強、羅永欽、陳芳銘、陳益良、陳麗琴、楊淵韓、陳天文、戴書郁、黃建民、黃仲平、謝文蒨、葉娜慧、雷蕾
執 行 編 輯	雷蕾
美 編 設 計	黃士豪
發 行 人	楊曉華
總 編 輯	蔡國彬
出　　　版	巨流圖書股份有限公司 80252高雄市苓雅區五福一路57號2樓之2 電話：07-2265267 傳真：07-2233073 e-mail: chuliu@liwen.com.tw 網址：http://www.liwen.com.tw
編 輯 部	23445新北市永和區秀朗路一段41號 電話：02-29229075 傳真：02-29220464
郵 撥 帳 號	01002323 巨流圖書股份有限公司
法 律 顧 問	林廷隆律師 電話：02-29658212
出版登記證	局版台業字第1045號

ISBN　978-957-732-557-0　（平裝）

初版一刷　2017 年 10 月

定價：350 元